リーゼント刑事《デカ》

42年間の警察人生全記録

秋山博康
Akiyama Hiroyasu

小学館新書

はじめに

2021年3月31日、42年間勤めた徳島県警を定年退職したワシは、その日の夜に徳島から東京にやって来た。事前に決まっていた働き口はゼロだったが、東京を舞台に、どんなことでもいいから人様のお役に立てる活動をしてみたいと思った。武器は、長い刑事人生で培《つちか》った経験や。

これまで家庭を顧《かえり》みず一心不乱に働き、警察官として燃え尽きた。定年退職したら家族とゆっくり過ごしたいという気持ちもあった。正直な話、地元の企業からは再就職の話ももらっていた。だが、これまでずっと徳島県の治安を守るために頑張ってきたのだから、今度は日本全国にフィールドを広げたい。60歳を過ぎてもまだまだパワーはある。

背中を押してくれたのは、中学生の頃から崇拝する〝永ちゃん〟こと、矢沢永吉《やざわえいきち》さんの言葉だった。ワシのトレードマークのリーゼントは、もちろん永ちゃんの影響や。警察官という職業柄、「公務員なのに、あの髪型はなんや！」と叩かれることも少なからずあった。それでも退職するまでリーゼントを貫いた。

ワシは、小学生の頃から刑事になることを夢見ていた。徳島県警に入って念願の刑事になってからは、地元住民を守るために捜査漬けの毎日だった。ターニングポイントは40歳の頃。徳島県警から警視庁捜査第一課に出向し、東京でいくつもの大事件に携《たずさ》わった。徳島に戻ってからは、その後の刑事人生を大きく変える「小池俊一《こいけとしかず》」の事件に遭遇《そうぐう》した。それがきっかけでテレビ各局の警察特番に出演すると、顔を広く知られるようになった。

そしていつしか、人々からこう呼ばれるようになった。

リーゼント刑事《デカ》――

定年退職して東京に来てからは、徳島時代に知り合ったテレビマンをはじめ多くの人々の協力を得て、犯罪コメンテーターとして事件の解説や、講演活動などをやらせてもらうようになった。徳島の田舎《いなか》にとどまって警察OBのままでいたら、到底できなかった仕事をぎょうさんやらせてもらっている。ホンマに感謝しかない。

本書には、徳島県警で定年退職を迎えたワシの「刑事バカ一代」の人生をあますところなく記した。いくつもの凶悪犯罪に立ち向かい、何度も殉職《じゅんしょく》しそうになったエピソード、ヤクザや暴走族とのハチャメチャなやり取り、さらに下着泥棒や車上狙いの大捕り物まで、笑いあり、涙ありの警察人生42年をギュッと詰め込んだつもりだ。

決して武勇伝をひけらかしたり、自慢話をしたいわけではない。むしろ真剣に職務に取り組んだがゆえの失敗や反省などを含め、等身大の自分を真摯《しんし》に綴《つづ》っていったつもりや。

それが〝エリート〟ではない、現場の一刑事の姿だからだ。その内容を通じて、普段はあまり知られることのない地方警察官の活動を多くの方に知ってもらい、全国各地で奮闘《ふんとう》する警察官を応援してもらえるようになったら、これほど嬉しいことはない。

長い間、被害者の泣いた顔、悲しい顔や困った顔を数えきれないほど見てきたから、これからはその何倍もの笑顔を見たいと思っている。

本書には、ワシのずっこけエピソードもいっぱい載せた。本を読んでくれた方々が少しでも笑顔になってくれたら、刑事冥利《みょうり》に尽きるというもんや。

徳島県警察本部地域課次長として若手警察官の指導にあたる筆者

リーゼント刑事《デカ》

目次

第一章 おい、小池!!

2001年4月20日、徳島市内の県営住宅から火災が発生し、焼け跡から当時66歳だった男性の遺体が見つかった。

これがワシの刑事人生を大きく変えた「徳島・淡路父子放火殺人事件」の発端だった。

「事件の匂いがするな」――

一報を受けて現場に急行するワシはそう感じていた。実際に到着してみると、周囲には灯油の臭いが漂い、焦げ臭い部屋の奥に、一部が真っ黒に炭化した遺体が横たわっていた。

遺体の首には電気コードが巻かれ、鈍器《どんき》で殴られてから絞殺された跡が残っていた。死後硬直した遺体は何とも言えん表情を浮かべ、被害者が首を絞められながら、「お前、何でワシを殺すんや！」と強い無念を感じていた形跡をうかがわせた。その表情を見た瞬間、「これは身近にいた人間の仕業《しわざ》じゃなかろうか」との思いがよぎった。

遺体に手を合わせて「ワシが必ず犯人を逮捕します」と誓ってから現場検証を行った。

通常は家のどこかにあるはずの預金通帳が見つからず、犯人が被害者を殺害後に証拠隠《しょうこいん》滅《めつ》のため放火した凶悪犯罪であると断定した。

被害者は当時38歳だった息子さんと2人暮らしだったが、重要参考人である息子さんの行方がわからなかった。ワシらは被害者周辺の捜査と並行して、息子さんの所在捜査を展開した。

すると、兵庫県警から連絡が入った。

「淡路島の別荘造成地の焼け跡から、焼死体が発見された」——

歯の治療痕《ちりょうこん》と指紋から、焼死体は息子さんであることが判明した。父親同様、鈍器で頭部を殴られてから首を絞められ、さらに灯油を撒《ま》かれて焼かれたのだった。

実に残酷な手口だった。

淡路島の男

父子放火殺人事件としての捜査が始まり、徳島東警察署に捜査本部が設置された。東署の大会議室に入り切れないほどの捜査員が集結して、徳島県内一円に緊急配備が敷かれた。幹線道路や大きな交差点、橋では多数の警察官が検問に当たったった。

事件発生から数日後、ある男が捜査線上に浮上した。

被害者親子は近所のパチンコ店に通うことを日課にしていた。そこでパチンコ店の店員に聞き込みすると、「被害者は淡路島の男にカネを貸していて、返してもらえないと悩みを口にしていた」との情報が得られた。さらに捜査を進めると、淡路島の男は40歳過ぎで、いつも野球帽を後ろ向きにかぶってパチンコに興じており、負けるたびに被害者にカネを無心していたことがわかった。

この淡路島の男こそ、のちに全国指名手配される小池俊一（当時40）だった。捜査員はパチンコ店の駐車場に停められた車のナンバーから小池の身元を特定した。さらに被害者宅の捜査で、小池の携帯番号が記載されたメモ用紙が見つかった。

すぐに小池の自宅マンション近くの一室を借り切り、張り込みを開始した。行動確認と並行して内偵捜査《ないていそうさ》を進めたところ、事件前後の小池の動きが明らかになった。

この頃、小池はレンタカーの軽トラックを借りていた。さらに、徳島県鳴門《なると》市と兵庫県の淡路島を結ぶ大鳴門橋《おおなるときょう》インターの防犯カメラを解析すると、ある事実が判明した。

息子さんの遺体が発見された日、小池はレンタルした軽トラで鳴門市から淡路島に向けて走行し、その数時間後に鳴門市に戻っていた。しかも、淡路島に向かう軽トラの荷台にはブルーシートがかけられていたが、帰り道ではブルーシートが外されていた。軽トラがインターを通過した時刻から道のりの時間を計算すると、息子さんの遺体が淡路島の造成地に遺棄《いき》されたと考えられる時刻にピタリと一致したのだ。

親子を殺したのは小池に違いない――ワシはそう確信した。

ホシが飛んだ

残忍な事件の被害者となってしまったこの66歳男性は、軽度の障害がある息子さんの将来のためにコツコツとお金を貯めていた。その額は全部合わせると約4000万円になった。「罪を憎んで人を憎まず」が信条のワシだが、心優しい父親と息子の尊い命を奪い、焼き、捨て、父親がわが子のため苦労して貯めたお金を持ち去った犯人を許すことはできなかった。

容疑が濃厚になったため、ワシは小池の自宅と車内の「捜索差押《そうさくさしおさえ》許可状」及び「検証許可状」を裁判所に請求すべく、書類の準備を進めた。犯人は親子を殺害後に灯油で遺体を燃やしているため、灯油に関係した証拠が家か車に必ず残っているはずと踏んだのだ。

さらに息子さんの殺害場所は犯人の自宅と推定し、ガサ入れすれば息子さんの血痕《けっこん》などの証拠が得られると確信していた。

だが、その時点で小池の逮捕状を請求するだけの証拠は揃っていなかった。当時の捜査幹部は、ガサ入れしても証拠が得られず、任意聴取で小池に否認されるリスクを警戒していた。「もっと証拠を固めろ」が捜査方針だったんや。

一方、特別捜査班の班長としていつでもガサ入れと検証の強制捜査ができる態勢を整えたワシは、「ガサに入って自供させましょう」と県警幹部に訴えていた。現場の捜査員と県警幹部の意見がすれ違い、ほんのわずかだが、現場に膠着《こうちゃく》状態が生まれた。

その間隙《かんげき》を縫《ぬ》って、小池が動いた。

「至急！　至急！　秋山班長、小池が飛び出ました！　逃げられるかもしれません！」

24時間態勢で小池を張り込んでいた捜査員からの無線だった。大きなバッグを抱えた小池が突如、自宅マンションから飛び出して来て、車を急発進させたというのだ。

捜査本部にいたワシは大声で指示を出した。

「追いかけろ！　急げ！」

数台の覆面パトカーが小池を追ったが、すぐに失尾《しつび》した。小池の携帯電話の位置探索をすべく検証許可状を請求したが、小池は逃走先の岡山県に入ってから電源を切っていた。さっさとガサ入れしておけばよかったんじゃ——ワシは目の前にあったイスを思い切り蹴り上げた。

長い戦いの始まり

長い長い追跡捜査が始まった。

直《ただ》ちに追跡班の態勢を整えて、小池の行方を追った。ワシは用意しておいた書類を抱えて裁判所に走り、小池の自宅と車の捜索差押許可状が発付《はっぷ》された。

すぐに小池のマンションに立ち入ると、部屋には事件のことを大きく報じた徳島新聞が積まれていた。室内に黒幕を張って血痕反応を調べるルミノール検査をすると、新聞の横にあった雑誌に赤色の飛沫《ひまつ》血痕が付着していた。やはりワシの読み通り、殺害現場は小池の自宅マンションだったんや。

「秋山班長、やっぱり班長の読み通りでしたね」

鑑識《かんしき》の係長に声をかけられたが、後の祭りだった。

数日後、淡路島の県営駐車場で小池が乗り捨てた車が発見された。検証したところ、トランク内に返り血を浴びた着衣があり、灯油が付着した靴も見つかった。

これらを証拠として裁判所に逮捕状を請求し、全国に指名手配した。この日から11年間、ワシは小池を追い続けた。

指名手配犯になると、《この顔にピンときたら110番》というキャッチフレーズとともに、全国に顔写真入りのポスターが掲示される。当時はネットやSNSなどは普及しておらず、指名手配のポスターは容疑者に関する情報収集のための重要な手段だった。

ちょうどこの頃、フジテレビから「全国の名物刑事を集めて番組を作りたい」との企画が寄せられていた。秘匿《ひとく》捜査を続けるためワシは出演したくなかったが、「秋山、お前が出て小池のポスターをバンバン流してもらうんや」という当時の捜査第一課長の鶴の一声で〝テレビデビュー〟が決まったのだ。詳しくは後述するが、このテレビ出演がのちにワシの人生を大きく変えることになった。

「小池さん」からの苦情

リーゼントのワシがテレビに出演したことで小池事件は注目を集めたが、時間が経つとともに、情報が途絶えるようになった。すると県警本部の捜査第一課長から「もっと国民が注目するようなポスターを考えてくれ」との命令が出た。

そうは言われたものの、さてどうするか。どうやって事件の残忍性、重大性を言葉で伝えるか——部下とさんざん頭を悩ませた末、閃《ひらめ》いたのがこんなキャッチフレーズだった。

《この男、2人殺して焼いた顔》

これを見た捜査第一課長はワナワナと肩を震わせて叫んだ。

「お前らアホか！　こんなんダメに決まっとるやろ！　やり直しや！」

ワシらが考えてもラチがあかん。ここはひとつ、専門家に頼ってはどうやろうとの意見が出て、大阪芸術大学でデザインを専門にする先生に依頼することになった。

その結果、誕生したのがあのポスターや。

《おい、小池！》

これほどインパクトのある手配ポスターは前例がないはずや。きっと全国の人から多くの情報が寄せられるに違いない——ワシの心がメラメラと燃えてきた。

だが一方で、懸念《けねん》がなかったわけではない。ポスターを見た全国の「小池」姓の方から苦情が来るのではないか。不安は的中した。

リーン、リーン、リーン。ポスターが公開されるとすぐさま、捜査本部の電話が鳴った。

「ハイ、こちら捜査本部です」

「もしもし。アンタねぇ、ウチの子供がいじめられるのよ！　あんなポスターやめて！」

案の定《じょう》、小池姓の方からの苦情だった。こうした苦情には「ご迷惑をおかけしてすみません。被害者と遺族のために、何としても犯人を逮捕したいんです。どうかご協力ください」と丁寧《ていねい》に理解を求め、納得してもらうしかなかった。

ヤクザからの申し出

《おい、小池！》の効果は覿面《てきめん》で、全国から続々と情報が寄せられるようになった。

集まった情報は内容を精査して、A～Cの3ランクに分類した。「パチンコ店に似た人がいる」という曖昧《あいまい》な情報はC、「前歯4本がない」など小池の特徴と重なる情報がB、さらに捜査本部が把握している小池の生活ぶりと似ていればAランクとした。

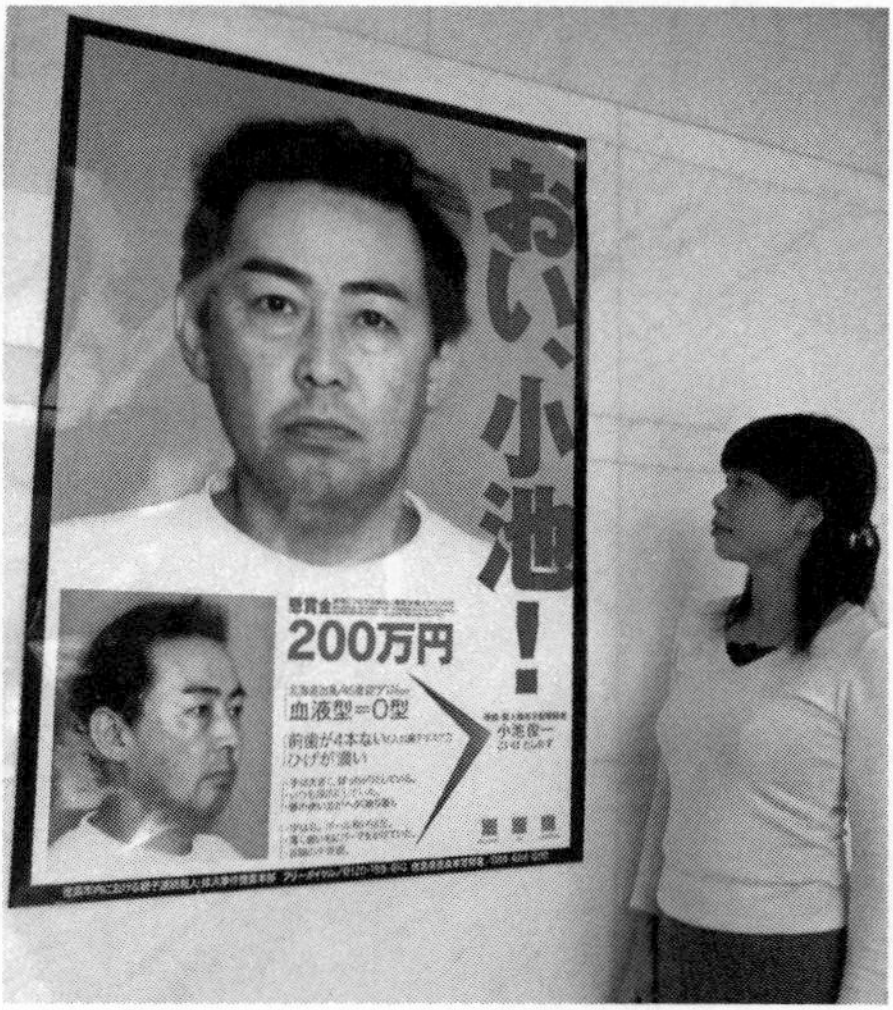

見る者に強烈な印象を残すポスターによって、徳島県警には多くの情報が寄せられた
写真　朝日新聞社

全国のなかでも突出して多かったのが、小池が生まれ育った北海道からの情報だった。有力な情報があるたび、ワシと捜査員は北海道に飛んで捜査をした。

宿泊するのはもっぱら現地のサウナだった。小池は風呂好きという情報があり、ワシらはサウナに寝泊まりして、そこにいる客をひとりひとり確認した。夜になると捜査員が三々五々《さんさんごご》集い、その日の捜査の成果を報告する〝サウナ捜査会議〟を開いた。

ある時、サウナの休憩スペースにいると、小指のない男がワシに近づいてきた。因縁《いんねん》でもつけられるのかと身構えると、男は「秋山さん、ご苦労さんです」と携帯電話の待ち受け画面を見せてきた。そこには小池のポスターの写真があった。「秋山さんの捜査に協力したくて、これを待ち受けにしているんです。若い衆にも『似ているやつがいたらすぐ知らせろ』と命じ、網をかけています」

男は地元のヤクザ。テレビで小池事件を知り、捜査に協力しようとしてくれていた。ワシはびっくりして、「エライすまんのぉ。ありがとう」と深々と頭を下げた。

北海道警も協力的だった。Jリーグ「徳島ヴォルティス」の札幌遠征時はスタジアムのスクリーンに小池の顔を大写しにし、「こちらは北海道警です。ただいま、徳島県警の捜査員が札幌で『おい、小池！』事件の捜査をしております。皆さま方、どうか捜査にご協力ください」とアナウンスしてくれた。

全国から寄せられる情報をもとに追跡捜査を行い、小池と似ているとされた人物に可能な限り接触した。ワシら捜査員の頭のなかには小池の指紋のかたちが刻まれていたが、残念ながら指紋が一致する人物は現れなかった。

耳を疑う一報

全国から情報は寄せられたが、依然《いぜん》として小池の尻尾《しっぽ》はつかめなかった。それでもワシは諦《あきら》めることなく小池を追い続けた。

すると少しずつ、捜査に追い風が吹いてきた。事件から丸9年経過した10年4月、従来は15年だった殺人罪などの公訴時効が撤廃されて、小池の事件も時効がなくなった。

この頃、指名手配犯が相次いで御用《ごよう》となったことにも勇気をもらった。09年11月には、英国人女性リンゼイ・アン・ホーカーさんの死体遺棄《いき》容疑で指名手配中の、市橋達也《いちはしたつや》容疑者が大阪で逮捕された。また12年6月には、オウム真理教事件の最後の容疑者とされた高橋克也《たかはしかつや》容疑者が「似ている男がいる」との目撃情報をもとに、特別手配から17年目にして警視庁に逮捕された。

こうした〝風〟を感じたワシらは、「いまがチャンスや！」と、小池の指名手配ポスターを一新した。前作と同じ大阪芸術大学の先生に頼んで、《おい、小池！　そろそろだ！》という新しいポスターを作成し、逃走中の容姿の変化を想定した写真とともに全国に掲示した。10年9月には、小池事件が警察庁の「捜査特別報奨金《ほうしょうきん》対象事件」に指定されて、逃亡犯の検挙や犯人特定のための重要情報に、上限300万円の報奨金を設定した。

小池包囲網は着実に狭まっている。捜査員全員がそう感じていた。

ワシは積極的にテレビなどのマスコミに出演して、小池の写真を多くの視聴者に見てもらった。全国民に捜査員の目と耳になってもらい、小池を捜してほしいというのがワシの心からの願いだった。言葉は悪いかもしれんが、マスコミを利用してでも小池を全国民に知らせようという捜査手法だった。

おい小池、そろそろだ。本当にもう少しだ。覚悟せえよ。そんな気持ちで小池逮捕のXデーを狙っていたワシは、ある日、当直の捜査員からの一報に耳を疑った。

「秋山課長、秋山課長。小池が死亡して見つかりました」

まったくの別人

12年10月、岡山県内のアパートのトイレに男性が倒れているのを同居女性が発見。119番通報したが、搬送先の病院で男性の死亡が確認された。

同居女性が男性の名前や年齢を知らないことを不審に思った葬儀業者が岡山県警に通報し、指紋照合の結果、死亡した男が指名手配犯の小池俊一であることが確認されたという。

指紋で確認したのなら間違いはないはずや。小池を「生きたまま捕まえる」ことに刑事生命を懸《か》けていたワシは、全身の力が抜け、受話器を持ったままガックリとうなだれた。まるで『あしたのジョー』の矢吹丈《やぶきじょう》のような状態だった。

だが、すぐに気を取り直して署に向かった。本当は岡山の現場に急行したかったが、ワシには捜査の指揮がある。急いで部下の捜査員を現地に派遣して、死んだ小池の写真を送ってもらった。

写真を見たワシは言葉を失った。小池の顔はまったくの別人と化していた。

通常、逃亡犯は心身ともに疲弊《ひへい》して痩《や》せていく。ところが、小池はあえてなのか、体重を増やしていた。さらに髪の毛と眉毛を剃《そ》って顎髭《あごひげ》をたくわえ、部屋には変装用のメガネが20本ほどあった。死んだ小池の顔は「おい、小池！　そろそろだ！」のポスターに掲載した想定写真のどれにも似ておらず、逃亡に疲れた男というイメージもなかった。

ワシはすぐに岡山班とガサ・検証の令状請求班を編成し、小池の同居女性の取り調べをさせた。女性が小池のことを知っていたら、犯人隠匿罪《はんにんいんとくざい》で逮捕するつもりだった。

だが女性は、小池が何者なのかをまるで知らなかった。女性はほぼ職場とアパートを往復する毎日で、小池のポスターを目にしたこともなかったという。小池もアパートと近所のスーパーを往復する程度で、ほとんど引きこもり状態だった。親子の命を奪った殺人犯は女性の収入でヒモ生活を送り、小池とは知られぬまま、のうのうと生き延びていたんや。

逃走を続けた小池には健康保険証がなかった。そのため心臓が痛くなっても病院に行くことができず、女性宅のトイレで急性心不全を起こして死亡した。葬儀業者が不審の念を抱いて岡山県警に通報していなかったら、小池が死んでいることを知る術《すべ》はなく、ワシらは一生空回り《からまわ》りの捜査を続けていたかもしれなかった。

逃走劇の真相

ワシは小池が日常的に利用していた同居女性名義の携帯電話を差し押さえて、通話記録などを分析した。

すると小池が出会い系のサイトを利用して、茨城県に住んでいる女性とやり取りを重ねていたことがわかった。小池は「会社社長」を名乗り、近日中にその女性と会う約束を取りつけていたのだ。この女性を騙《だま》し、今度は茨城に飛んでヒモ生活を送るつもりだったのだろう。観念するどころか、どこまでも逃げ続ける気だったんや。

振り返れば、小池は典型的な詐欺師《さぎし》だった。父子連続殺人を起こす前、小池は淡路島で詐欺を繰り返しており、「ワシは小池に騙されたんや」と訴える被害者が大勢いた。そのなかには、ヤクザの親分まで含まれていた。

このため洲本《すもと》警察署は捜査を進め、詐欺罪で逮捕状を取ったが、その気配を察した小池は北海道に逃走した。そこでもまったく知らない女性を騙し、その女性のアパートに転がり込んでいた。ある意味で天才的な話術の持ち主だったのやろう。

この時は小池の前妻が北海道まで足を運び、説得して出頭させた。詐欺罪で1年服役した小池は出所後、徳島で暮らすようになり、後に殺害する親子と出会ったのだった。

小池の前妻をめぐっては別の話もある。ワシらは、小池が逃走して指名手配犯になるまで前妻との接触を控えていた。捜査の手が迫っていることを察知されないためだった。だが、実は警察よりも前に前妻と接触していた人物がいた。

それは、ある新聞社の記者だった。この記者は、ワシら捜査員が小池の自宅マンションを張り込んでいる最中にどこからか容疑者情報をキャッチして、小池の前妻に聞き込みに行っていた。記者の訪問後、心配した前妻が小池に電話をして、「○○新聞の記者が来たけど、アンタあの徳島の殺人事件の犯人なのか」と聞いたのだった。

警察の動きを知った小池は警戒心を強めて、自宅マンションの窓から周囲をうかがった。ちょうどその時、くだんの記者が三脚を立てて小池宅を撮影し始めようとしていた。

慌《あわ》てた小池は、すぐに荷物をバッグに詰め込み家から飛び出した。そして車を急発進させ、捜査の手から逃げて行ったのだ。

当時は「捜査に手落ちがあって小池に察知された」とも言われたが、小池逃走の真相は別のところにあったわけや。

刑事の仕事は100点か0点

被疑者死亡で書類をまとめて送検し、小池事件は終わった。

《おい、小池!》《おい、小池! そろそろだ!》——全国に配布したポスターは計

108万枚。延べ2万5000人の捜査員を動員し、37都道府県に及ぶ捜査だった。

生きたままの小池に手錠をかけて、遺族に謝罪させるというワシの願いはかなわなかった。すべての責任は自分にあると考えたワシは辞表を用意したが、「次に同じ失敗をしなければいい」と上司に諭《さと》されて受理されなかった。

「ワシの力不足でした。本当にすみませんでした」

ワシは遺族に電話して、そう詫びた。遺族は「いやいや、ご苦労さまでした」と労《ねぎら》いの言葉のあと、こう続けた。

「秋山さん、もし小池が逮捕されても裁判が長く続いて、税金でメシを食わせることになったでしょう。だから小池には天罰が下ったんです。これでよかったんですよ」

この言葉にどれほど救われたことだろうか。

しかし、いくら死力を尽くして捜査をしても、罪のない親子2人の命を奪った男を逮捕できなかった悔いが消えることはない。刑事の仕事は、結局のところ100点か0点。逮捕して100点、逃がせば0点であり、50点や80点、努力賞や敢闘《かんとう》賞などはありえない。

何の因果か、小池はワシと同い年だった。11年間、この男を追い続けてきたワシは、

「二度と同じ失敗はしない」と改めて心に誓った。

第二章

熱血刑事のテレビデビュー

《徳島　泣く子もダマる！　熱血リーゼント刑事》

こんなテロップとともに、ワシの顔がテレビ画面に大写しになった。ワシがテレビデビューした『大捜査スペシャル！　これが日本の名刑事だ』（2002年10月放送、フジテレビ系）のひとコマや。

テレビ出演のきっかけは、警視庁出向中に出会ったフジテレビのプロデューサーからのこんな申し出だった。

「NHKの『プロジェクトX』のようなドキュメンタリーの刑事版を作りたい。東京から徳島に帰った秋山さんを密着取材させてくれませんか」

しかし、刑事の捜査は秘匿が大原則や。ただでさえ目立ついでたちのワシが全国放送のテレビに出たら、トレードマークのリーゼントが知れ渡って捜査に支障が出る。依頼はありがたかったが、「アカンアカン、ワシにテレビは無理や」と固辞《こじ》していた。

上司も当然同じ意見——と思いきや、テレビ局の依頼を知った当時の県警捜査第一課長はワシに向かって「オイ秋山、テレビに出ろ」と言った。「いや、ワシ出たくないんですけど」「いいから出ろ。ただし、ひとつ条件がある」と捜査第一課長は続けた。

「お前がテレビに出たら、指名手配犯の小池俊一のポスターをテレビでバンバン流してもらうんや。全国から小池の情報を集めるために出演してこい」

当時はちょうど、「徳島・淡路父子放火殺人事件」が発生した頃だった。小池を逮捕まであと一歩のところで取り逃がしたワシは、刑事生命を懸けて、全国に指名手配した小池を追っていた。

確かにワシがテレビに出て視聴者に訴えれば、全国から小池に関する情報が集まってくるだろう。ネットやSNSがいまほど発達していない時代、捜査第一課長の「テレビを捜査に利用する」というアイデアには感心させられた。そもそもリーゼントのワシは目立つ存在で、張り込みをしても周囲にバレバレや。「いまさらテレビに出ても捜査に支障はないやろう」との気持ちもあり、テレビ出演を承諾した。

11時09分、現逮じゃ!!

こうして始まった初めての密着取材中、「女性トラブルで暴力団を名乗る男から恐喝《きょうかつ》されている」という男性被害者が署を訪れた。

怯《おび》える被害者に事情聴取していると、彼の携帯電話に恐喝男から着信があった。電話に出るや否や、「お前の体貸せや！　さばいて埋めたるわ！」「500万円用意しろ！　鳴門の海に投げたろか！」と恐喝男が物騒な脅し文句を浴びせかける。ワシは別回線で会話の内容を聞きながらメモにペンを走らせ、被害者にしゃべる内容を指示した。

狙いは恐喝男を特定の場所に誘い出し、恐喝の現場を押さえることだった。ワシの筆談の指示によって、恐喝男が要求する500万円の受け渡し日時と場所が決まった。あとは周辺に捜査員を配置して、ノコノコと現れる恐喝男の身柄《みがら》を確保するまでや。

作戦決行日、ワシは囮《おとり》になって恐喝男をおびき寄せる被害者に「安心しておいてください。我々が守っていますから」と声をかけた。

約束の時間になり、各所に配置された捜査員の緊張が一段と高まるなか、ひと目で怪しいとわかる恐喝男が現れた。男はTシャツの腹部に何かを隠し持つような仕草で被害者に近づき、「チャカ（拳銃）持っとんねん」とさらに脅しをかけた。

被害者に取りつけた秘匿小型無線でその声を聞いたワシは、「ゴー！　ゴー！　ゴー！」と全捜査員に指示を出して、自らも現場に猛ダッシュした。恐喝男が拳銃を持っていたら被害者が銃撃されるかもしれず、一刻の猶予《ゆうよ》も許されなかった。

「警察じゃ！」「何がヤクザじゃコラ！」「ナンボ取ろうとしたんじゃ！」

自身の危険を顧みず、ワシは暴れる恐喝男をボコボコにして取り押さえた。そして男の腕を押さえて手首に思いきり手錠を叩き込み、腕時計を見てこう叫んだ。

「11時09分、現逮《げんたい》じゃ!!」

恐喝男とのやり取りと張り込みから、現行犯逮捕の瞬間までの一部始終がリアルな映像としてお茶の間に流れた。テレビの警察特番の歴史に残る映像だった。

「生放送に行ってこい！」

刑事が凶悪犯を追い詰め、手錠をかける――前述の特番では、まさに刑事ドラマに登場するようなシーンが再現された。登場人物はドラマに出てくるイケメン俳優とは似ても似つかないが、現場の緊迫感は十分に伝わったはずだ。日本の警察が、命がけで市民を守っている事実を知ってもらえただけでも、番組に出た甲斐《かい》があったと思う。

その数年後、今度はテレビ東京がやって来て「秋山さんのために番組を作りたいんです」と言われた。『ＴＨＥ　指名手配』という生放送の番組をやります。そこに出て、小池事件について国民に情報提供を呼びかけてください。僕らも小池を捕まえたいんです」とのことだった。

さすがに現職の刑事がテレビの生放送に出るのはどうやろう……と躊躇《ちゅうちょ》したが、最初のテレビ出演時とは別の捜査第一課長はこう言った。

「秋山、構わないから出ろ。お前はインパクトがある。躊躇《ためら》わず、生放送に行ってこい！」

背中を押されたワシは、「小池を捕まえるためならなんでもやったるわ」と腹を括《くく》り、生放送に出演。テレビカメラに向かってこう凄《すご》んだ。

「おい小池、出てこい！」——

当時は小池の事件発生から９年が経《た》っていたが、ワシは寝ても覚めても小池を逮捕することを考えていた。そのまま小池が逃げ切ることは無理だと信じていた。

生放送中に「公開捜査」をした反響は大きく、情報提供を受けるスタジオの電話が鳴りやまなかった。「小池に似た男をスーパーで見かけた」「パチンコ店の前で見た」という情報が約３００件も寄せられた。小池事件は確実に、より広く世に知られるようになった。

ディレクターのイッちゃん

テレビ東京の生放送後、「次は日常的な事件も取材したいので、徳島での捜査に密着させてください」とのオファーが来た。その時、ハンディカメラを片手にひとり徳島を訪れ、ウィークリーマンションで寝泊まりしながらワシらを密着取材したのが、当時テレビ東京のスタッフだった「イッちゃん」こと市島竜也《いちじまたつや》氏だった。

長い密着取材で行動をともにしてすっかりワシと打ち解けたイッちゃんは、いまではワシのYouTubeチャンネルの制作を手伝ってくれている。ちなみにワシと最初に会った時、イッちゃんは「秋山さんは一般人と目つきが全然違っていて、ものすごく怖い人」との第一印象だったそうや。

イッちゃんは捜査に完全密着して、ある時は捜査員とともに容疑者を追跡し、またある時は大雨のなかをずぶ濡《ぬ》れになりながら、捜査員と一緒に容疑者を張り込んだ。カメラが回っていないところでも一緒にメシを食うなどして親睦《しんぼく》を深めると、「秋山さんは第一印象とはまるで違って、面白い一面があることがわかった」と言ってくれた。

イッちゃんの提案で、パトカーに乗ったワシが署に駆けつけるイメージ映像を撮影したことがある。刑事畑の長いワシは覆面《ふくめん》パトカーばかり乗っていたので、白黒のパトカーを運転するのは初めてに近い経験だった。

せっかくだからカッコよく撮ってもらおうと、ワシはパトカーを停めて颯爽《さっそう》と車を降り、バターンとドアを閉めた。決まったな……と思った瞬間、「ブーーーー!!」という警報音が周囲に響き渡った。

ワシは知らんかったが、パトカーはキーをつけたままドアを閉めると、盗難防止のブザーが鳴るシステムだった。予想もしない事態に「な、なんやコレ！　どないして止めるんや！」とオロオロしていると、盗難があったと勘違いした警《けい》ら隊《たい》が飛んできて「秋山次長、どないしましたか!!　何事ですか！」と叫んだ。カメラを構えたイッちゃんは大爆笑。ホンマに恥ずかしい思いをした。

被害者の仇を取ってこい！

《その目で睨《にら》まれたらもう逃げられない。なびくリーゼントがトレードマーク。誰が呼ん

だか、リーゼント刑事》《筋金入りの熱血指揮官　人呼んでリーゼント刑事》

テレビ東京で6回にわたって放送された『激録・警察密着24時!!』という番組では、ワシの映像とともにこんなナレーションが流れた。かたやフジテレビの『踊る!大警察24時』という警察特番でも、ワシの密着取材が何度も放送された。

これらの番組では、犯人逮捕の瞬間の映像が数多くオンエアされた。女性が元交際相手に連れ去られて車中で監禁された逮捕監禁致傷事件では、ワシが「今日、被害者の仇《かたき》を取ってこい！」と捜査員を鼓舞《こぶ》するシーンが流された。この時は、張り込み中に逃走した犯人を捜査員たちが追いかけ、取り押さえて逮捕するという迫真のシーンも放送された。

金庫破りの常習犯の捜査では、「刑事魂、燃やしてこい！」と捜査員にハッパをかけた。この時は逮捕状を取って、捜査員が容疑者の住むアパートに集結。女性刑事が「おはようございます。ちょっと開けてもらえませんか〜」と声をかけて容疑者を油断させ、ドアが開いた瞬間、屈強《くっきょう》な捜査員が「警察や！　お前パクリに来たんじゃ！」と部屋に雪崩《なだ》れ込み、容疑者を逮捕する場面が放送された。

四国4県にまたがる窃盗犯《せっとうはん》を追い詰めた時は、〝秋山イズム〟を受け継ぐ捜査員が「お前の万引きゲームは、ゲームオーバーなんじゃ！」との名ゼリフを披露《ひろう》した。

なかでも印象に残るのは、ひとり暮らしの女子大生を狙った下着ドロを現行犯逮捕した時のテレビ東京の映像や。この男は女子大生の留守を狙って何度も住居に侵入し、洗濯機の下着を物色していた。もし被害者が在宅中で鉢合わせしていたら、強制わいせつや強姦《ごうかん》に発展する恐れもある。早急に男を捕まえる必要があった。

粘り強い捜査の結果、20代の学生風の男が容疑者として浮上した。男が再び侵入すると踏んだワシは、女子大生宅のドアが目視できる周辺マンションの踊り場に、張り込み員を配置した。容疑者の行動確認を徹底し、現行犯で逮捕する捜査方針を固めたのである。

再び男がやって来ると睨んだその日は、女子大生宅内に捜査員を配置し、周辺も捜査員で取り囲んだ。容疑者が部屋に入って犯行に及ぼうとした瞬間、室内の捜査員が一喝《いっかつ》し、それを合図に捜査員が一斉に踏み込む作戦だった。

当日、狙い通り被疑者が女子大生宅の周辺に姿を現した。ドアノブに手をかけ部屋に侵入する場面も、ばっちりカメラに収めている。そして、容疑者が部屋に入った瞬間だった。

「何しとんじゃコラァ！」「現逮じゃ、オラァ！」「ゴメンナサイで済む話ちゃうぞ～！」

室内で息を潜めていた捜査員、一斉突入した捜査員たちの怒号《どごう》が飛び交うなか、男はあえなく御用となった。住居侵入の現行犯を逮捕し、その場面をテレビで放送するのは前代《ぜんだい》未聞《みもん》のことだった。

末期がん女性との交流

テレビに出たことでワシは有名になり、道行く人にサインを求められることも多くなった。しかし自分は公務員の警察官であり、芸能人でもない。はたしてサインなどしてもいいものなのか……という迷いがあった。

するとある時、警察署にやって来た中年の夫婦に「すみません、秋山刑事のサインをいただけませんか」と頼まれた。聞けば、翌日が小学生の息子さんの誕生日で、ワシのサインをプレゼントしたいという。

少し迷っていたワシに奥さんがこう言った。

「実は息子は秋山さんのファンで、いつもテレビを見て『僕も刑事になりたい』と言っているんです。その子の誕生日プレゼントなので、ぜひお願いします」

その言葉を聞き、ワシは「それならいいか」と、〝○○くんへ〟と色紙にサインをした。

後日、「ありがとうございます。僕も絶対に刑事になります！」と、お礼の手紙を送ってくれたその少年は、のちに香川県警の警察官になった。

テレビに出るたび、全国から電話もかかってきた。なかには「公務員なのに、あの服装はなんだ」「刑事がリーゼントはあかんやろ」「まるでヤクザやないか」というお叱《しか》りの電話もあったが、それらはごく一部で、残りはすべて応援メッセージだった。

そのなかに、末期がんを患《わずら》った福岡在住の40代女性からの電話があった。

「私は余命1年と言われています」と女性は弱々しい声で切り出した。

「医療関係の仕事をしていますが、夫と離婚して2人の娘ともほとんど会わず、ひとりで暮らしています。そやけど、秋山さんのテレビを見るたびに元気が出て、いままで生きてこられました。これからも定期的に電話させてもろていいですか」

ワシの声なんかで彼女が元気になってもらえるなら、断る理由はない。それから毎月のように連絡があって、この女性と言葉を交わしていた。

気づいた時には3年が経過していた。ちょうどワシが出るテレビ番組のオンエア前日に彼女から電話があり、受話器を取ると相手はハアハアと息も切れ切れで「これが最後の連絡かもしれません」と言った。ワシは「明日また番組に出るので、それを見て元気を出してください」と返すのが精いっぱいだった。

翌日、テレビが放送された晩に当直署員から「福岡県の女性から電話がありました」との連絡が入った。電話をかけてきたのは、がんになった女性の娘さんだった。

「母から秋山刑事のことは聞いています。母は先ほど息を引き取りました。亡くなる直前に『秋山さんにお礼を言うて』と言っていました……」

ワシの存在がどれほど亡くなった女性の力になったのか、本当のところはわからない。だが、「困った人を助けたい」という一心で刑事になったワシが、少しでも彼女の生きる望みになっていたのであれば、これほど幸せなことはない。

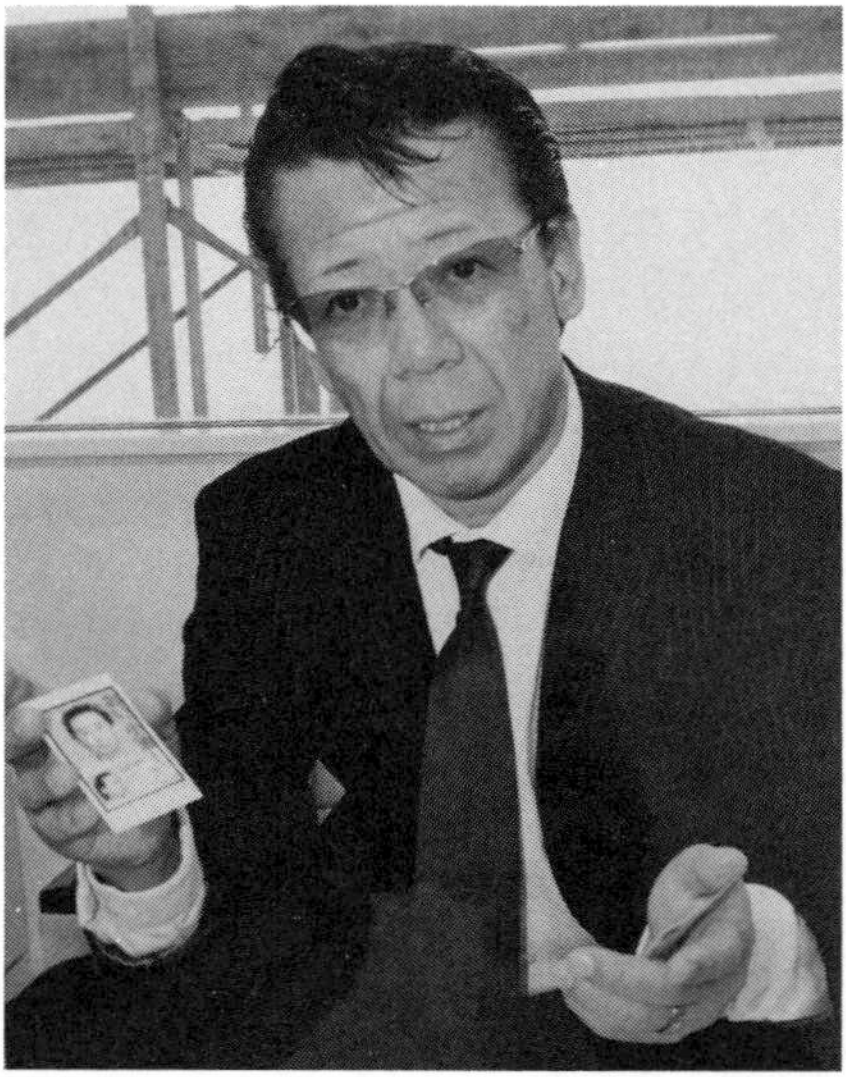

名刺の裏にも「おい、小池！」ポスターの縮小版を印刷していた筆者

被疑者の出身地である北海道で捜査にあたった際の筆者(左)。メディアを通じて情報提供を呼びかけ続けた

第三章 リーゼント刑事誕生

ワシが刑事を志《こころざ》すようになったのは、自分自身がある事件の被害者となったことがきっかけだった。

忘れもしない小学校4年生の夏休みのことや。夜中の2時過ぎ、トイレに行きたくなり目が覚めると、玄関のほうからパリンとガラスが割れる音がした。続いてガラガラと引き戸を開ける音がする。そして、ギシギシと廊下を歩く音が聞こえてきた。

当時10歳のワシは〝泥棒〟が忍び込んだとは考えず、「恐ろしい人殺しがやって来たに違いない」と思い込んでいた。「人殺しがワシの部屋を探しとる……」と金縛り状態になり、何もすることができず、ただブルブルと震えていた。

すると物音に気づいた親父が目を覚まし、「誰な！」と一喝して、不審者は玄関から逃げて行った。それでもワシは怖くて怖くて全身の震えが止まらなかった。まだ幼いワシにとって、夜中に不審者が侵入したことはそれほどショックの大きい出来事だった。

そんなワシの前に現れたのが、親父の110番で駆けつけた刑事だった。

「ボクよ、おっちゃんに任《まか》せとけ。おっちゃんが必ず逮捕したるから」

刑事のその一言でワシの恐怖心はすーっと消え、安堵《あんど》とともに「このおっちゃんみたいになりたい」という気持ちがふつふつと芽生《めば》えてきた。当時は警察官と刑事の区別も全然ついていなかったが、幼い心に「ワシは刑事になって、困っている人を助けるんや」という決意が刻まれた瞬間だった。

10歳で山籠もり

思い立ったが吉日。刑事になると心に誓ったワシは、泥棒に入られた翌日に空手道場の門を叩いた。もちろん、悪いやつらに負けないように身心を鍛《きた》えるためだった。

当時、むさぼるように読んだのは、極真《きょくしん》空手・大山倍達《おおやままますたつ》師範の『空手バカ一代』。鍛錬《たんれん》のために大山先生が山籠《やまご》もりをしたことを知ったワシは「これや！」と思い立ち、夏休みになると自宅から数キロ離れた山の中腹にある神社を目指した。境内《けいだい》にテントを張り、ひとり山に籠もって空手の訓練をするためだ。

毎朝5時に起床して山道を走り込み、神社に続く階段を何度も駆け上がった。ハアハアと息が整わないまま、千本ノックならぬ「千本突き」をして突きを鍛え、鉄下駄《てつげた》を履《は》いて「千本蹴り」をした。硬い鉄下駄のせいで足の指にできた血マメが破れ、回し蹴りをすると周囲に血が飛び散った。

朝と夕方には親父がおにぎりを持って山を訪れた。いまにして思えば、小学生の山籠もりをワシの両親はよう許してくれたもんや。真夏でテントの周囲に無数の蚊が飛び回るなか、親父が持ってきた蚊取り線香をつけた時の香りはいまでも覚えている。

こうして長い1週間が過ぎた。猛特訓の成果で多少は強くなったことを自覚したワシは、子供心に満足して山を下りた。

新学期が始まると、夏休み中の思い出を絵日記にする課題が出たので、山籠もりの様子を得意げに描いた。するとその日の夕方、職員室に呼ばれて、校長以下ズラリと並んだ先生たちに「お前、これはホンマか」「いったい何を考えとるんや！」と烈火《れっか》のごとく怒られて、挙句《あげく》の果てに親を呼び出された。

でも、その時のワシは先生からいくら怒られても、「つらい山籠もりを乗り越えて強くなった」という達成感のほうがはるかに大きかった。

小学校5年生の時にはアルバイトの牛乳配達も始めて、朝5時から自転車で100軒ほどの家を回るようになった。

朝イチで重たい牛乳を自転車の荷台にヨッコイショと乗せ、重いペダルを漕《こ》ぎ進めると絶好のトレーニングになる。しかもバイト代がもらえて空手の月謝も払うことができる。新しい空手着を買うこともできた。牛乳配達のアルバイトはまさに一石二鳥《いっせきにちょう》だった。

もっと強くなるためには空手だけでは物足りん。そう考えたワシは中学校に入ると近所にできた少林寺拳法道場にも通い始め、稽古《けいこ》に励んで黒帯を取った。

中学校3年生になり進路を考える際、近くの駐在所《ちゅうざいしょ》に行って「僕、刑事になりたいんです」と言うと、駐在さんが「刑事になるなら、柔道か剣道をやるとええ」と教えてくれた。

剣道は防具をつけるのが面倒だが、柔道なら空手や少林寺拳法と同じく「丸腰で戦う」共通点がある。そんな理由からワシは高校で柔道を習得することを決めた。

地元の徳島県立川島高校に入学したワシは、その日のうちに柔道部に入部して練習に励んだ。在学中はできる限りいろいろな柔道大会に出場したが、それも優勝して名前を売れば、警察に採用されやすくなると踏んだからだった。気合いを入れて臨んだ新人戦の県大会では、見事、優勝することができた。

永ちゃんに憧れて

その一方で、当時はツッパリ全盛の時代だった。ワシも短ランにボンタン（着丈の短い詰め襟の上着とだぶだぶのズボンの変形学生服）のツッパリスタイルで学校に通っていた。ヘアスタイルは、永ちゃんこと矢沢永吉さんを真似たリーゼント。中学生の頃、永ちゃんの歌をラジオで聞いたワシは、鳥肌が立つほど興奮してすぐにレコード店に走った。ジャケットにあった革ジャン、ジーパン、リーゼントというスタイルに見とれ、自伝の『成りあがり』も隅々まで読んだ。子供の頃、貧しい生活でおばあちゃんに育てられ、いつかスターになると誓って成りあがった彼の生き様に憧《あこが》れたのだ。永ちゃんがロックシンガーの一等星《いっとうせい》になったように、自分もいつの日か必ず日本一の刑事になろうと固く決心した。

中学の校則で男子生徒の頭髪は「坊主頭」と決められていたが、高校にそんなルールはない。念願のリーゼントにしたワシは額に剃り込みを入れ、毛抜きで眉毛を細く整えた。短ラン、ボンタンという変形学生服に、手にするカバンはペッチャンコ。いま考えても相当にヤンチャな高校時代やった。

それから45年以上経つが、ワシはいまでもリーゼントにこだわっている。リーゼントはワシのポリシーであり、生き様そのものだ。警察官になってからも、警察学校時代をのぞいてずっとリーゼントを貫いてきた。

警察官は公務員であり、服装や髪型の乱れにはやかましい。ワシもさんざん小言を言われ続け、パワハラのような扱いを受けたこともある。見た目がとっぽいやつは、社会性や人間性まで疑われる傾向があるのが世の中や。ワシはそれが悔しかったから他の警察官の何倍も仕事をして、悪いやつらを捕まえてきたという自負がある。

永ちゃんに憧れ、日本一の刑事を目指してガムシャラに頑張ってきたら、実際に2002年と09年に徳島県警の凶悪犯検挙率が日本一になった。もちろん、ワシだけの功績ではないが、その時は「ワシも永ちゃんみたいに一等星になれた」と感慨《かんがい》深かった。仕事で結果を出し続けているうちに、誰も髪型には文句をつけんようになった。

警察を卒業したワシは、いまでも生き様のリーゼントを貫いている。この先も死ぬまでリーゼントはやめないつもりや。もっとも、髪の毛があればの話やが。

生徒会長になる

高校時代、同級生には暴走族のメンバーが多かった。ワシも彼らと遊んではいたが、正式なメンバーになることはなかった。

そんなワシが2年生になった時、教頭と生活指導の教師から思わぬお声がけがあった。

「お前、生徒会長の選挙に立候補しろ」

ワシが生徒同士の揉《も》め事を丸く収めたり、ケンカの仲裁に入る姿を見て「まとめ役」に適任と思ったようだが、通常、生徒会長は3年生がなるものだ。ワシは「とんでもない、無理ですわ」と断ったが、よくよく考えてみると生徒会長になれば、警察官の採用試験にプラスになるはずや。前言を撤回したワシは、教師の言う通り生徒会長に立候補して、ダントツで当選した。暴走族の「裏総長」的なワシが、表では高校の生徒会長になったのだ。

短ランとボンタンに白のエナメル靴、頭はリーゼントに剃り込みが入った生徒会長——。絵に描いたようなツッパリが、学校行事で周囲にガンを飛ばしながら壇上《だんじょう》に立ち、「え〜、3年生諸君。最近、風紀が乱れておるようです」なんて挨拶《あいさつ》するのだから、他の生徒からすれば「お前が言うな！」という感じだったやろうな。

さすがにカチンときた3年生も多かったようで、10人ほどの不良グループが「あの生意気な秋山をボコボコにしてやろうで」と企《たくら》んでいるとの不穏《ふおん》な情報が耳に入ってきた。ケンカで負ける気はしなかったが、大事になって停学処分でも食らったら警察官にはなれない。そこでワシは「戦わずして勝つ」ために一計を案じた。

当時はブルース・リーの映画『燃えよドラゴン』や『ドラゴンへの道』が流行《はや》っていた。そこでワシは文化祭で『燃えよドラゴン』の演劇を自ら企画した。主役のブルース・リーになり切ってヌンチャクを振り回し、得意の後ろ回し蹴りや二段飛び蹴りを披露。悪役の柔道部員十数人を次々と倒したのである。

渾身《こんしん》の演技に満員の体育館はヤンヤの喝采《かっさい》に包まれたが、この舞台に青ざめたのが不良グループだった。演技とはいえ、鋭い蹴りや突きをこれでもかと繰り出すワシの姿を見て、「あいつはホンマにヤバいやつや」と、襲撃計画はいつの間にか立ち消えとなった。

この「戦わずして勝つ」作戦はワシのポリシーとなり、その後の人生で大いに役立つことになる。

ヤクザのスカウト

一日も早く刑事になりたかったワシは、高校3年生の時に徳島県警の採用試験を受けて合格を勝ち取った。その後は地元の川島警察署に通い、柔道の稽古に明け暮れた。

警察署の道場には、勤務前後の時間を利用して、鍛錬を重ねる先輩警察官たちの姿があった。市民の目に触れることはあまりないが、警察官のほとんどが余暇《よか》を使い自主的なトレーニングに励んでいる。プライベートで格闘ジムに通う警察官も珍しくない。

「お前、どんな警官になりたいんだ」「刑事です」「だったら今度、刑事課に遊びに来い」

まだ高校生ではあったが、道場で先輩警察官たちと談笑する間柄になり、次第に川島署員に顔が売れていった。

そんなある日、JR川島駅前に座っていたワシの目の前に、ド派手なアメ車が横付けされた。車から降りてきたのは、チンピラ風情《ふぜい》の30代の男だ。男は腕の入れ墨《いずみ》をちらつかせてだみ声で凄んだ。

「オウ、お前が秋山か。生意気しとったらあかんで、このボケ」

男は地元の組の若い衆で、不良高校生を手下にするチンピラとして界隈《かいわい》では有名だった。ワシも地元では名が知られていたので、「いつか、あのガキをギャフンと言わせてやろう」と思っていたのだろう。

普通の高校生なら、地元のヤクザに因縁をつけられたら萎縮《いしゅく》するだろうが、ワシは動じることなくこう言い返した。

「なんなコラ！　このドチンピラ！」

すでに徳島県警の試験に合格して警察署に出入りしていたから、「ワシのバックは県警や」との勝手な思いがあった。ホンマだったらボコボコにされてもおかしくない場面だが、相手はワシの思わぬ反撃に虚《きょ》を衝《つ》かれたようで、少しトーンダウンして、「お前、高校出たらどうするんや」と聞いてきた。

「ワシは徳島県警に入るんじゃ」と答えると、男は「やめとけ、やめとけ」と首を振り、「お前、ワシの組に入らんか」といきなりスカウトしてきた。

そいつが言うには、ヤクザになればいい車に乗って、いい女を抱いて、いい暮らしができるとのことだった。実際、当時は行き場のない暴走族メンバーや不良連中が組事務所に身を寄せるケースが多かった。だが、ワシは男にハッキリと言い返した。
「チンピラさん、何を言うとるの。ワシは県警に入って、いつかアンタをこの手で捕まえたるからな！」

警察学校の鬼瓦教官

1979年4月1日、ワシは徳島県警察巡査を拝命した。短ランとボンタンから警察官の制服に装いを新たにすると、身も心も引き締まる思いがした。

ワシのように高卒の警察官は、警察学校の寮で1年間を過ごす。同期は31人で、毎朝6時に点呼をしてから国旗と徳島県警の旗を掲揚《けいよう》し、ラジオ体操をして10キロほどの駆け足をするのが日課だった。警察学校の駆け足は軍隊並みで、3列横隊を組み、かけ声を出しながら全員同じリズムで足を上げ下げする。誰かが脱落したら、教官から「コラ〜、全員やり直しや！」と声が飛び、連帯責任を取らされる。

午前7時からの清掃を終えると7時30分から朝食タイム。総代が「全員気をつけ！　いただきます！」と気合いの入った号令をかけ、みなで合掌《がっしょう》して食事をとる。当時は米とみそ汁と漬け物のみのシンプルな朝ごはんだった。

8時半からの授業では、これまで聞いたことがないような法律や実務を缶詰め状態で学び、頭がパンパンになった。

大好きだったのは体錬《たいれん》や武道の授業や。ワシは自分を鍛えるため、自主的に手首と足首に5キロずつの鉄のウエイトをつけて、グラウンドを走り回った。それを見た教官が、「おっ、秋山ええな〜！　みんなも見習えや!!」と褒《ほ》めてくれた。

その一方で法律などの座学《ざがく》は苦手中の苦手で、しょっちゅう教官に怒鳴られた。

特に怖かったのは、長く暴力団を相手にしていた鬼瓦《おにがわら》のような顔をした元刑事の教官だった。その教官の講義ではワシが必ず最初に当てられた。トンチンカンな答えをすると、「こんなこともわからへんのか！　このタワケモン!!」とゲンコツを食らった。

勉強が苦手で予習復習もあまりしなかったため、講義のたびに答えられずゲンコツの繰り返し。「同期の連中は怒られんのに、何でワシだけ毎日怒られるんや」といじけることもあったが、何が何でも刑事になりたかったから必死に食い下がった。

〝鬼瓦教官〟が「秋山、メシ行かんか」と駅前の定食屋に誘ってくれたのは、警察学校に入校してから半年ほど経った頃だった。未成年のワシはお茶を飲んでいたが、ビールを飲んでいい気分になった教官は「お前は立派な刑事になるんや。被害者のために捜査をするんや」と熱く語り出した。ありがたかったが、いかんせん酔っ払っとる。「わかったか！秋山！」と聞かれて「ハイ、わかりました！」と答えたのに、「お前、やっぱりわかってないやろ！　このタワケモン！」とまたしてもバコーンとゲンコツを食らった。

警察学校でも「刑事になるんや」というのがワシの口癖で、同期はみんなワシの希望を知っていた。そのことが元刑事である鬼瓦教官の耳にも入っていて、わざと厳しく接して刑事魂を注入してくれたのだとワシは信じている。

あっという間に迎えた警察学校の卒業式、同期の何人かは厳しい訓練に耐えられず、途中で脱落していった。ワシは厳しかった鬼瓦教官から最後にこう言われた。

「秋山ぁ、お前には期待しとるで。絶対に立派な刑事になれるからな」

こんなに嬉しい餞《はなむけ》の言葉はなく、思わずホロリとしたことをよく覚えとる。

検察官に職質をかける

1980年4月1日、1年間の警察学校生活を終えたワシは、徳島市内の繁華街にある両国派出所（現・両国橋交番）に配置された。

ちょうど2週間ほど前、徳島城跡にある徳島公園のお堀で、22歳の女性が遺体で発見される「徳島公園女性殺人事件」が発生した。この事件は全国的にも大々的に報じられて、県下一円に大がかりな捜査網が敷かれていた。

交番勤務になったばかりの19歳のワシは「絶対に犯人を捕まえてやる」と心に誓った。交番の泊まり勤務初日には、遺体が見つかった現場周辺で夕方から朝まで延々と職務質問を繰り返した。数えてはいなかったが、100人以上に声をかけていたはずや。警察学校を卒業した翌日で職務質問のやり方もよくわからなかったが、やる気だけは満々だった。

遺体が発見された現場周辺は裁判所や検察庁などの官公庁が近く、徳島にしては人通りの多い場所だった。「こんばんは。警察ですが……」と声をかけたスーツ姿の男性が検察官だったということもあった。「あっ、スンマセン。ご苦労さまです！」と頭を下げる新米警察官を見て、検察官は苦笑いを浮かべていた。

交番勤務を始めたワシが最初に力を入れたのは、管内のパトロールだった。

「この管内の犯罪をゼロにしてやる」という強い気持ちから、朝から晩まで管内を駆けずり回った。まずは管内の住民の人となりを把握すべく、一軒一軒回って巡回連絡をした。

非番の時や休日には、駅前周辺の駐輪自転車を片っ端から調べた。そこで盗難届が出ている自転車を見つけたら私服で張り込みを始め、自転車を取りに来た人間に職質をかけた。この手法で、多くの自転車ドロを効率的に検挙することができた。そのなかには、管内で100件以上の空《あ》き巣《す》を働いていた大泥棒も含まれており、われながら驚いた。

休日返上で自転車ドロを検挙するのには理由があった。刑事部屋に被疑者を連れて行けば、先輩刑事に名前と顔を覚えてもらえる。「両国派出所の秋山は優秀だ」となれば、刑事になるための推薦《すいせん》も得られやすくなるはず——したたかな動機と思われるかもしれないが、一日も早く刑事になりたいワシにとって、休日はまさに〝勝負時〟だった。もちろん、大切な自転車を盗まれた人たちの気持ちは、常に心にとどめていた。盗難自転車は見つかっても傷だらけのことが多い。持ち主に返却する際、自転車をピカピカに磨《みが》いてから渡すことを心がけていたのは、盗難被害のショックを少しでも和《やわ》らげたい気持ちがあったからだ。先輩警察官は「そこまでする必要あるんか？」と訝《いぶか》っていたが、ワシはこの作業を欠かさなかった。「お巡《まわ》りさん、ホンマにありがとう」――持ち主の笑顔を見るだけで、休日返上の苦労はどこかに吹き飛んでしまった。

ハゲ頭の正体

交番勤務時代のある時、たまたま非番日にチャリンコで交番に立ち寄ったら、ピピピピと県警本部から無線が入った。「本部から東署へ。ひき逃げ事件発生。緊急配備を発令。被疑者は50~60歳男性でハゲ頭。服装は白」

急遽《きゅうきょ》巡回を始めたワシは、近所のパチンコ屋を覗《のぞ》いて、「……ん!?」と目を疑った。まさに50~60代でハゲ頭、しかも白い上着姿の男がパチンコに興じているではないか。

慌ててその男のもとに駆け寄って声をかけた。

「オッサン、アンタひき逃げしたやろ!」「なんや。お前誰やねん」「警察や!」「なんや、エライ見つけるのが早いな。ちょっと待てや。これだけ打たしてくれや」

その後、男を徳島東署の交通課に連行すると、次から次へと本部の刑事が駆けつけてきた。

交通の事件なのに何でやろ？　不思議に思っていると、いかつい顔をした先輩刑事から「オウ秋山、ようやった」と声をかけられた。

「ハア。それであのオッサン、誰やったんですか？」

「なんや、知らんかったのか。あれは○○組の組長やで」

ひき逃げをしたハゲ頭のオッサンは、実は反山口組で鳴らす地元暴力団の組長だった。交通課長から「オウ秋山、お前が緊急逮捕の手続きしろや」と命じられ、見よう見まねで緊急逮捕の書類を作成した。

非番の日に組のトップを捕まえたことで、新米のワシの株は急上昇した。それまでにも自転車泥棒や空き巣を捕まえていたから、周りからも「お前はすぐに刑事になれるぞ」と言われた。ワシもその気になって、来年にでも刑事にしてくれるんやないかと浮かれていた。

だが、交番勤務1年後に受け取った辞令には、思いもよらぬ異動先が記されていた。

「秋山博康巡査に機動隊勤務を命じる」——

デモ隊に土下座

機動隊の主な任務は、デモや雑踏《ざっとう》の警備だ。そのため毎日、フル装備でジュラルミンの盾《たて》を持って警備の訓練をする。柔道特別訓練生のワシは早朝から夕方まで柔道の稽古に励み、空いた時間に定期的に機動隊の訓練に参加していた。

機動隊に配置されて2年目の83年3月、アメリカの原子力空母エンタープライズが長崎県の佐世保《させぼ》に入港し、現地で大規模な反対運動が繰り広げられた。佐世保には右翼団体の黒バスが数十台集結し、左派の反戦団体は機動隊めがけて投石や杭《くい》で攻撃を繰り返した。凶暴なデモ隊に対抗するため全国の機動隊が集められ、四国からは四国大隊・徳島香川中隊・徳島小隊が佐世保に応援に駆けつけた。ワシもそのなかのひとりだった。

現場では30人いる徳島小隊の先頭に立ってデモ隊と対峙《たいじ》したが、殺気立ったデモ隊の人数が次第に膨《ふく》れ上がり、徐々にこちらの形勢が不利になっていく。

明らかに危険な状態に陥《おちい》り、最後尾にいた小隊長が「退避《たいひ》じゃ！」と命令を出した。現場では双方の怒声が響き渡り、デモ隊の投石が我々の盾やヘルメットにガンガン当たる。

退避命令を聞き取れる状況ではなかった。そんな時は、後方の隊員が前方の隊員のヘルメットをパンパンと叩くことが退避の合図になっていたのだが……。

「あれっ⁉」——振り向くと、あろうことかワシの後ろの隊員は合図を忘れて逃げて行った。ヘルメットを被《かぶ》り、ほぼ前方しか見えないワシが気づいた時は、ひとり取り残され、目前に黒山の暴徒が押し寄せていた。いくら柔道や空手を極めていても、勝ち目のない人数や。機動隊教養の講義では、成田闘争のデモ隊が火炎瓶《かえんびん》を放ち、何人もの機動隊員をこん棒で撲殺《ぼくさつ》する映像を見せられた。「ああ、ワシは刑事になれずじまいで殉職か」——絶望感に包まれたその時、「待てよ。土下座したらどうやろうか」との考えが頭をよぎった。いくら暴徒でも、土下座する人間には手を出さないのではないか。ワシは盾を下ろしてヘルメットを取り、その場に膝《ひざ》をついた。「この通りだから、殺さんといてくれ！」

ワシが頭を下げると、デモ隊の動きがピタッとやんだ。そのスキに急いで現場を離れ、間一髪で危機を脱することができたんや。少しでもタイミングが遅れたら本当に殉職していたかもしれん。いや、いま冷静に考えても、難を逃れられたのは奇跡だった。

九死に一生を得る経験をしながらも、徳島に戻ればいつものように柔道漬けの毎日が続いた。小学生の時にワシを救ってくれた刑事のおっちゃんに憧れて刑事を志し、武道の鍛錬を積み、警察学校に入った。交番勤務になってからは休日でも地域を巡回し、暇《ひま》さえあれば刑事部屋に顔を出した。それらはすべて、強くて優しい刑事になって弱い人たちを守るためだった。

それなのにワシは、毎日朝から晩まで柔道の練習をしている。その柔道でも全国で名を売るほどの実力がないことは自分がいちばんわかっていた。

このままではアカン。意を決したワシは機動隊長に「ワシは刑事になりたくて警察官になったんです。ワシを機動隊から出してください」と直談判《じかだんぱん》した。

機動隊長はワシの申し出を快く受け入れてくれた。機動隊長の上申《じょうしん》でワシは刑事登用試験を受験して、合格した。その後、刑事専科生として警察学校で2か月間の研修を行い、捜査の基本と捜査書類の作成要領といった刑事の基礎《きそ》を学んだ。

そしていよいよ、夢にまで見た刑事になる日がやって来た。

筆者の父（右）は、ヤンチャだった少年時代を温かく見守ってくれた

ブルース・リーに憧れ、15歳の頃から腹筋は割れていた

高校時代の卒業アルバムにも「リーゼント」の姿が

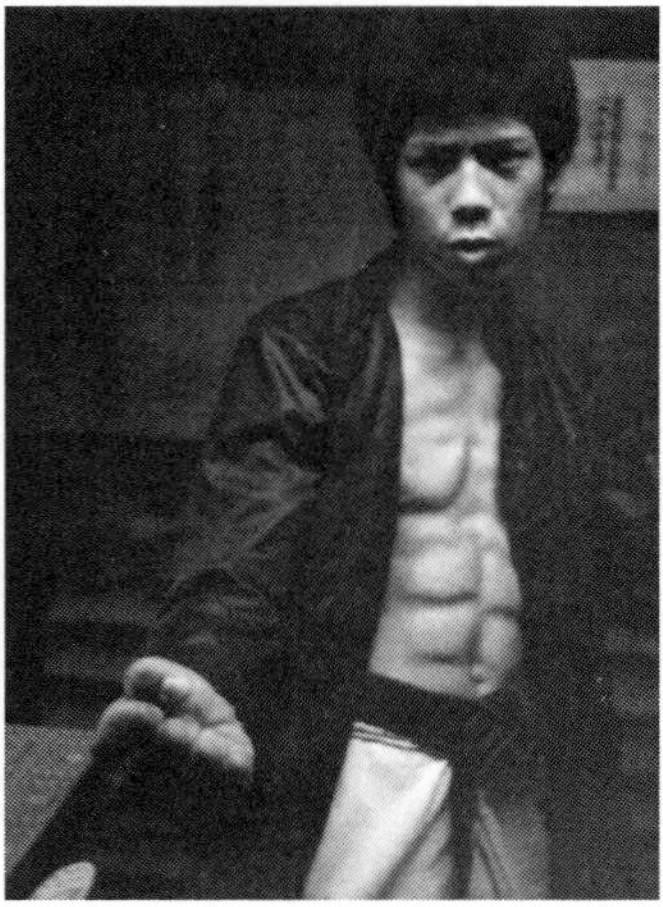

第四章

新米リーゼント刑事奮闘記

「鳴門警察署捜査係を命じる」——

1984年4月1日、徳島県警鳴門警察署の署長室で辞令書を受け取った。晴れて鳴門署の刑事となった23歳のワシは、心の底から湧き上がる喜びの気持ちを抑えることができず、何度も何度もB5サイズの辞令書を見返した。

この日のために新調した三つ揃いのスーツで身を固め、頭はもちろん気合いの入ったリーゼント。念願の刑事人生がスタートして、やる気に満ち溢《あふ》れていた。

しかしこの時のワシはまだ、刑事人生の初日がとんでもなく過酷な1日になるとは予想していなかった。

水死体の腐敗汁

辞令を受け取ってから2階の刑事部屋で挨拶を終え、机の周りを整理していると、突如無線がピピピピと鳴った。

「徳島本部から鳴門署、○○地区に水死体発見。直ちに現場へ向かえ！」

勝手がわからず右往左往していると「秋山、お前も行け！」と刑事課長に命じられた。

通常、このような現場に出向く時は動きやすい服に着替えるが、その時間もなくスーツ姿のまま先輩について現場に急行すると、確かに水死体が浮かんでいた。

死体は水を吸収するといったん、海底に向かって沈む。数日経過すると腐敗《ふはい》が進んで顔や体がブクブクに膨らみ、海面にボコッと浮き上がる。この時見つかった遺体は顔が通常の1・5倍ほどに膨れて、紫斑《しはん》で全身が赤や青に変色していた。まさに〝ドザエモン〟だった。

殺人事件の可能性もある現場なので、下手に動くと手がかりを消しかねない。刑事になりたてのワシは、ひたすら先輩の指示に従って動いていた。先着した先輩が死体を岸壁に引っ張り、ワシともうひとりの先輩がストレッチャーで運搬することになった。

予期せぬアクシデントが発生したのは、遺体を乗せたストレッチャーを「せ～の」と持ち上げた時だった。先輩が勢いよく持ち上げすぎてストレッチャーが傾き、遺体が滑り落ちそうになったのだ。咄嗟《とっさ》に身を挺《てい》して遺体の落下を食い止めたら、その反動で水死体の腐敗汁が、ワシの頭から体にかけてドバーッと降りかかった。

「うわっ！」と悲鳴を上げた瞬間、今度は何やら塊《かたまり》のようなものが口になかに飛び込んできた。モグモグして吐き出してみると、溶けてヌルヌルになった遺体の指だった。勢いよく滑った拍子に指がストレッチャーのベルトで切断され、ワシをめがけて飛んできたのだ。

詳しい内容は後述するが、遺体を調べる検視《けんし》も刑事の仕事や。ほうほうのていで水死体を署に搬送したワシは、先輩刑事らと検視し、鑑定処分許可状を請求した。解剖《かいぼう》の補助では、監察医が遺体から取り出した内臓の重さを量ったり、検視官の所見を聞いて書類を作成した。

解剖が終わってから刑事部屋に帰ると、刑事課長をはじめとする先輩たちが「アッキャン（ワシの愛称）、刑事の初仕事お疲れさん。晩飯でも行こか」と食事に誘ってくれた。気遣いに恐縮したが、連れて行かれた先は焼肉屋だった。腐敗汁の臭いや口に入った指の感触、ついさっきまで行っていた解剖の様子がフラッシュバックし、肉を食べている最中に気分が悪くなってトイレに駆け込んだ。後から聞いたところ、初めて遺体を扱った刑事を焼肉屋に連れて行くのは、新米を鍛えるための恒例《こうれい》の儀式だったようだ。

それにしても忘れられない刑事人生初日になった。刑事ドラマばりにカッコよく犯人を追い詰めるのが刑事の仕事だと思っていたら、ブクブクの水死体を運び解剖を補助するエライ洗礼を受けた。「こりゃ、ナメとったらいかんな」と心に刻んだ。

この日のために新調した三つ揃いのスーツは遺体の腐敗汁で台無しになったが、刑事人生の初日にいい経験をさせてもらったと思っている。

お茶くみの日々

ワシが刑事デビューした鳴門署は署員80名ほどの規模で、刑事課には課長以下12名の刑事が在籍していた。新米刑事のワシは仕事を覚えることに必死だった。

先輩刑事からは「取り調べ、聞き込み、書類作成の3つを一日も早く自分のモノにしろ」と口酸《くちず》っぱく言われた。取り調べは、被疑者を自白させる力。聞き込みは、情報提供者（協力者）とネタを得る力。書類作成は、供述調書や捜査報告書といった多種多様の書類を作成する能力を指す。

主に被害者や被疑者の調書作成を担当していた新人のワシは、見栄《みえ》を張ってカルティエとモンブランの万年筆を愛用していた。捜査書類に押す印鑑は、自分を鼓舞するために15

ミリの大型サイズを特注した。万年筆の値段と印鑑の大きさだけは、最初からどの刑事にも負けなかった。

殺人や強盗事件などの凶悪犯罪が発生すると、所轄《しょかつ》署に県警本部の捜査第一課を中心とした捜査本部が立ち上げられる。ちなみに関西方面では捜査本部を「帳場《ちょうば》」と呼ぶ。

ワシが刑事になった時は、鳴門署に銀行強盗と民家侵入緊縛《きんばく》強盗を扱う2つの捜査本部があった。署の大会議室には100人ほどの捜査員が集合し、事件現場周辺の聞き込みをする「地取《じど》り班」、被害者やその周辺者を捜査する「被害者班」、現場検証や鑑識が中心の「現場班」、犯人が現場に遺《のこ》したものを捜査する「遺留品班」、容疑者が浮上したらその者の内偵捜査をする「特命班」に分かれて、捜査第一課長ら捜査幹部の指示で集中捜査を展開していた。

所轄の新米刑事の仕事はお茶くみから始まる。伝統芸能の世界に入ったばかりの前座《ぜんざ》のように、熱いお茶や渋いお茶など捜査本部の先輩の好みを把握し、日々、お茶くみに励んだ。その他にも毎日することが山積みだった。

捜査本部は常に緊張感に包まれており、ワシもピリピリしたムードに呑《の》み込まれていった。銀行強盗事件で容疑者の前科照会をした際、相手の対応の遅さに苛立《いらだ》って「おい、遅いぞ！　こっちは捜査本部事件の照会や」と口にしてしまったこともある。すると、憧れの存在でもある捜査第一課長から呼び出されて「いまの電話対応は0点や」と注意された。

「お前は刑事失格や。刑事というのはな、相手を怒らせたらあかん。相手が話しやすいように対応しろ。刑事の仕事は機械相手やない。被疑者も被害者も目撃者もみんな人間やぞ」

刑事が扱うのは人間。相手の心を開き、懐《ふところ》に入り込む会話力が何より重要や――憧れの捜査第一課長の教えは新米刑事のワシの心に突き刺さった。

そんなこともあり、ワシは「人が1年かけて覚えることを1か月で習得してやろう」と決意を新たにした。半年ほど官舎に帰らず鳴門署の道場で寝泊まりしたのは、夜中に先輩の報告書や書類をこっそり読んで仕事を覚えるためだった。

犯人は〝秋山顔〟

寝る暇も休む暇もなかった新米刑事時代、ワシは数多くの事件に遭遇した。

深夜、徳島市内のラブホテル従業員から「窃盗犯が侵入した」との110番通報があった。犯人は、現場近くの駐在所から駆けつけた警察官をナイフで刺し逃走した。

幸い命に別状はなかったが、刺された警察官は現場に到着した別の署員にこう証言した。

「犯人は捜査第一課の秋山刑事によく似ていた。秋山に刺されたのかと思ったほどや」

深夜に官舎の電話が鳴り、叩き起こされた。寝ぼけ眼《まなこ》で受話器を取ると、開口一番こう言われた。「秋山、寝とったんか。あ〜よかった。実はいま、強盗殺人未遂事件が起きてな。犯人はお前とそっくりらしいんじゃ」。声の主は所轄の副署長で、ワシの所在を確かめる電話をかけてきたのだった。

副署長の電話を切った途端、今度は捜査第一課の当直から呼び出しの電話があった。急いで署に駆けつけると、すでに刑事がぎょうさん集まっていた。副署長はワシの姿を見つけるなり駆け寄って来て、ワシの顔を両手でつかみ、捜査員にハッパをかけた。「ハイみんな、注目っ！　犯人の顔はこの顔とそっくりや。この顔を参考にして犯人を捜してくれや〜」

緊急配備が敷かれるなか、県下一円に無線で手配が飛んだ。

「え〜逃走中の犯人は、捜査一課の秋山刑事顔。繰り返す。犯人は秋山顔！」

通常、こうした事件では被害者や目撃者の証言から犯人像の似顔絵を作成して捜査を進めるが、この事件では似顔絵も作成されず、「犯人は秋山顔」の一言で捜査が進んだ。

すると捜査線上にひとりの容疑者が浮かんだ。愛媛県出身の元ヤクザで、髪型から顔、洋服のセンスから歩き方まで本当にワシそっくりで、自分でも気持ちが悪いほどだった。

捜査の結果、この容疑者は逮捕されて、愛媛県内における殺人事件の余罪も見つかった。事件は一件落着となったが、緊急配備の無線で「秋山顔」を連呼された時の複雑な気持ちはいまでも忘れない。

24時間段ボール生活

ワシが刑事になった年に発生した「グリコ・森永事件」は日本中を震撼《しんかん》させた。当時は徳島でも模倣犯《もほうはん》が出現して、鳴門市内の幼稚園の通学路に青酸ソーダを塗った大手菓子メーカーのチョコレートがばらまかれた。その後、「金又栄」と名乗る者から、東京の菓子メーカー本社に現金を要求する脅迫状が郵送されるようになった。

脅迫状はすべて、徳島県内の板野《いたの》町のポストから投函《とうかん》されていた。そこで当時の捜査第一課長が「板野町のすべてのポストを24時間監視せよ。車だとバレるけん、車を使った張り込みは絶対に禁止や」との命令を出した。「そんなら、どうやって張り込みましょうか」と問うと、一課長は「そうやなぁ。あ、段ボールや。段ボールのなかに入って張り込むんや」と真顔で言った。ツッコミを入れる捜査員はいなかった。

近所の電器店から冷蔵庫を入れる大きな段ボール箱を調達してきた捜査員は、それを郵便ポストの見える空き地や草むらに置いて張り込みすることになった。

ある捜査員が「ところでトイレはどうするんですか?」と一課長に聞くと、「お前はアホか。カップ麺《めん》とポットを準備して、食べ終わったらカップをトイレ代わりに使えばええんや。一石二鳥や」との答えが返ってきた。いまならパワハラと捉えられても仕方のない発言だが、当時の捜査本部ではこんな会話が日常茶飯事だった。

24時間交代の張り込みが始まった。極寒の冬空のもと、段ボール箱の小さな穴から外を覗き、ひたすら犯人が脅迫状を投函するのを持つ。まるで苦行のような捜査となった。だが段ボールの穴からポストを24時間凝視《ぎょうし》する作業にはやはり無理があり、多くの捜査員がついついコックリコックリとしてしまう。そのスキにまた脅迫状を投函されて、上層部が「お前ら、何しとるんじゃ！」と激怒した。

その後の捜査会議で、巡査部長の先輩がおずおずと手を挙げ、「あの～、ポストの近くに監視カメラを設置したらどうでしょうか？」と提案した。それはええ考えやとワシは心のなかで拍手したが、一課長は怒髪天《どはってん》を衝いて、「刑事が機械に頼る？　お前、何を考えとるんや、このドアホ！」と叫んだ。監視カメラを提案した先輩は——それが原因か知る由《よし》はないが——次の人事異動で田舎の駐在所に飛ばされてしまった。

寝ずの張り込みなんてナンセンスな捜査だが、昭和の時代はぺーぺーが上層部に意見を言えるわけがなかった。この脅迫事件も結局、迷宮入りとなってしまった。

ニセ秋山刑事、現る

新米刑事時代、鳴門警察署の刑事としてバリバリに名前を売り、協力者をぎょうさん得ようと考えたワシは、街のいたるところで名刺《めいし》を配っていた。

ところが、その名刺のせいでとんだ目に遭《あ》ったことがある。

「あの〜、秋山刑事はいますか？」

ある日、ひとりの女性が署を訪れた。「ハア、秋山ならワシですが……」と応対すると、女性は怪訝《けげん》な表情で、「アンタ誰？」と言った。

女性は徳島市内にあるスナックのママだった。よくよく聞けば、彼女の店にワシの名刺を持った男が現れ、「鳴門署の秋山」を名乗り、オープンから深夜までツケで飲み食いするようになったという。

どこから手に入れたのか、ワシの名刺でママを信頼させた男は、結婚をほのめかして彼女に近づき、肉体関係を持ったうえでさんざん金品を貢《みつ》がせていた。さらに、「署に女性から私的な連絡があると、昇進に影響する。絶対に鳴門署の刑事課には電話をするな」と言い聞かせて、年末のボーナスで払うからと100万円以上のツケをためていた。

すっかり信じ込み、「ニセ秋山刑事」の言いなりになっていたママだが、ボーナスが支給される年末になると男が急に行方をくらませたため、切羽詰《せっぱつ》まって署を訪れたのだった。

男に騙されていたと知ったママは、大きなショックを受けてわんわん泣いた。気の毒に思ったワシは「これは結婚詐欺になるから、被害届を出してください」と促した。しかし彼女は「徳島の飲み屋は狭い世界なので、〝あのママは男に騙されよった〟との噂《うわさ》が広まれば商売できんようになる。今回は辛抱します」と、被害届の提出を頑《かたく》なに拒《こば》んだ。

だが、腹の虫がおさまらないのは、見も知らぬ男に名刺を悪用されたこのワシや。鑑識課に急行し、男がママに渡した名刺から指紋を採取して前科者リストと照合すると、結婚詐欺の前歴のある男がヒットした。

男は当時建設中だった大鳴門橋の作業員として徳島に来ていた。建設現場に押しかけたワシは男を見つけ、すたすたと近づいて声をかけた。

「コラお前、ワシがホンマの秋山刑事や！」

「ええっ、本物ですか⁉」

「本物や、このドアホ！　何の罪もない女性を騙すとは卑劣《ひれつ》なやつや！」

男を怒鳴りつけたワシは、「あのママは大きな心の傷を負ったんや。お前、人間としてどうにかせんとあかんのやないか」と説教した。警察には民事不介入《みんじふかいにゅう》の原則があるから、飲み代を弁済《べんさい》しろと命じることはできない。だが、懇々《こんこん》と言い聞かせると男は反省したのか、のちに半額ほどママに弁済したそうや。その後、ママからわざわざ連絡をもらったので店に行くと、彼女はとても喜んでくれた。ツケは全額回収できなかったが、多少でも心の傷が癒《いや》されたのなら、それでよしとすべきかもしれない。ママは上機嫌で一杯やっていたのか、しばらく雑談していると、不意にトロンとした目でワシの顔を覗き込んだ。

「アタシ、本物の秋山刑事に恋すればよかったわぁ……」

本気か冗談なのかはさておき、ここで間違いがあったらエライこっちゃ。ワシはママの誘惑を振り切り、店を後にした。

刑事は被害者の代理人

石の上にも三年ではないが、刑事になって3年ほど経つと、何とか一人前に仕事ができるようになってきた。だが、人間は慣れてきた頃がいちばん足を掬《すく》われやすい。

この頃、徳島県内では子供を保育園に送迎する自家用車の「車上狙い」事件が相次いでいた。親が子供を園内に連れて行く間や迎えに行っている間に、車中のカバンや財布を盗むという手口だった。

「すみません、車のなかからカバンを盗まれました！」

ある時、刑事課に被害者の女性がやって来た。聴取を始めると、この女性も子供を保育園に迎えに行くわずかな間に被害に遭っていた。車のドアは無施錠《むせじょう》だったという。それを聞いたワシは何気なく、「え、奥さん、それはちょっと無防備でしたね」と言ってしまった。

すると女性がいきなり泣き出した。「夫にも同じことを言われました。警察だったら味方になってくれると思ったのに、もう結構です！」――そう早口でまくし立てた彼女は、書きかけの被害届をビリビリと破って席を立ち、そのまま帰ってしまった。

「オイ秋山、ちょっと来い」。直後に刑事課長から呼び出しを食らった。

「いま見よったけどな、お前、被害者に対して何てことを言うんや。刑事は、被害者の代理人なんやぞ！」

刑事課長に大目玉を食らったワシはうなだれるばかりだった。刑事になって3年、日々の忙しさのあまりワシは形式的に仕事をするようになり、被害者の心の傷に寄り添うことを忘れていた。

もともとワシを救ってくれた刑事に憧れて、弱い人の味方になるためにこの職に就いたはずなのに、天狗《てんぐ》になって初心を失っていた。最低や……。

自責の念に駆《か》られたワシに刑事課長が問いかけた。

「お前は被害者の代理人やろ。なら、いまから何をすべきかわかるな」

答えは決まっていた。絶対に犯人を逮捕するんや。

尾行で〝大フン闘〟

翌日の朝一番から管内の保育園の張り込みを始めた。園児の登降園時刻に車上狙いの犯人が必ず現れると信じて、来る日も来る日もひとりで保育園に張りついた。

するとある朝、50歳くらいの男がひとりで保育園に現れ、駐車場をウロつき10分ほどで立ち去った。この時間帯に子供を連れず、ひとりで現れるのは明らかに不審だったので、男の車のナンバーをチェックした。

同日の夕方に別の保育園を張り込むと、その男がまた現れて、駐車している車のなかをガラス越しに覗き込んだ。コイツが車上狙いに間違いない——そう確信し、すかさず刑事課長に報告すると、「よっしゃ、本星《ホンボシ》やな。態勢を整えてやれ」と命じられた。

車のナンバーから男の住所を割り出し、オートバイ3台と車1台で行動確認をした。だが、その先の追跡は徒歩が主体になる。ワシが男の後をつけると、しばらく経って男が急に後ろを振り返った。泥棒特有の〝しけばり〟（尾行を確認する行為）というやつや。ヤバイ、見つかる！　ワシは咄嗟に道路わきの畑に身を伏せた。

素早く隠れたので男に気づかれることはなかった。見つからんでよかったわ……そう胸を撫《な》で下ろしたのも束《つか》の間《ま》、強烈な異臭がぷーんと漂《ただよ》ってきた。何の臭いやろう？　首を傾《かし》げながら胸のあたりを見ると……げっ、上着に犬のフンがべっちょりとくっついとるやないか！　身を伏せた畑に、出来たてホヤホヤの犬の〝落とし物〟があったんや。

だが、捜査車両に着替えを取りに行く余裕などあるはずもない。ワシはとりあえず上着を脱ぎ尾行を再開したのだった。

10日ほど尾行を続けたある日、例の男が保育園の駐車場に車を停めて、別の車に近づいた。男は助手席のドアを開けて、なかにあったカバンに手を伸ばす。

ついにやりよった！　現行犯逮捕しようと駆け寄ると、男はぎょっとした表情でこちらを一瞥《いちべつ》し、自分の車に乗り込んだ。そして、ワシに向かって急発進させたのである。

「アッキャン、危ない！」

近くで張り込んでいた刑事たちの叫び声が聞こえたが、ワシは即座に両手を広げて、車を制止しようとした。それでも車はスピードを緩《ゆる》めない。ヤバっ、撥《は》ねられる……覚悟を決めたその瞬間、車はワシの目の前ギリギリで急停車した。

すぐに刑事たちが駆け寄り男を取り押さえた。「お前、何件繰り返したんや。合計でいくら盗んだんや！」——ワシが追及すると、男は「100回くらいやりました。100万円くらい盗んでいます」とその場で自白した。

すぐさま、ワシが怒らせてしまった被害女性宅に電話して、奥さんに犯人を捕まえたことを報告した。すると、その奥さんがわざわざ警察署にやって来て、笑顔で「本当にありがとうございました。さすが警察ですね」と言ってくれた。

あの時の笑顔とお礼の言葉は、その先の刑事人生の大きな励みになった。

下着で作った布団カバー

刑事は世の治安を守るために、わいせつ関連の捜査も行う。

ワシも〝裏ビデオ〟業者の摘発をしたことが何度かある。まだＶＨＳやベータといったビデオテープが使われていた時代、「冒頭から何分後に女性の陰部《いんぶ》が露呈《ろてい》した」との証拠を固めるため、数日間も徹夜して１００本以上のテープを見続けた。

周囲からは「アッキャン、今回は楽しそうな仕事やの～」と冷やかされたが、これほど神経が参る仕事もそうない。男と女のアソコの部分が目に焼きついてほとほと困った。

下着泥棒にも何度もかかわった。下着ドロを逮捕した場合、捜索差押許可状をもとに被疑者宅をガサ入れして盗品を差し押さえる。その後、被害者に下着が自分のものか確認してもらい、事件処理や裁判が終了したタイミングで被害品を被害者に返還するのだ。

ところが下着泥棒事件の場合、この被害品確認と返還がスムーズにいかないケースが多い。下着ドロのほとんどは盗んだ下着をただ眺めるだけでは飽き足らず、頭にかぶったり、匂いを嗅《か》いだり、穿《は》いてみたりする。このため押収した段階で下着が汚れていることが非常に多くなる。汚れた下着を刑事に見せられて「これはあなたの下着ですね」と聞かれても、被害女性は恥ずかしがって「いえ、私のものでは……」と答えてしまう。

そこでワシは、返還前の下着を洗濯することを思いつき、押収した大量の下着をカバンに詰め込んで鳴門市内のコインランドリーを訪れた。

イスに座って洗濯が終わるのを待っていると、カゴを抱えた中年女性がやって来た。その女性はグルグル回る大量の下着とワシの顔を交互に見るや否や、自分の洗濯をすることもなくサッとその場を立ち去った。

イヤな予感がした数分後、ウ〜〜ンというサイレン音が聞こえて徳島県警のパトカーが到着した。不審に思った女性が「下着ドロがいる」と通報したのだった……。

別の下着泥棒事件で被疑者宅をガサ入れした時は、衝撃的な光景に遭遇した。

独《ひと》り住まいの下着ドロを立会人にして部屋に入ると、万年床《まんねんどこ》の枕、掛布団、敷布団がやたらとカラフルだった。不審に思い手に取ると、その正体が明らかになった。なんとこの下着ドロ、盗品のパンティやブラジャーを器用に縫《ぬ》い合わせ、オリジナルの布団カバーや枕カバーを作っていたのだ。ワシが問い詰めると、下着ドロはニヤリと笑って呟《つぶや》いた。

「刑事さん、これ寝心地《ねごこち》最高なんですわ」──

頭にきたワシは「被害者の気持ちになってみぃ！」と、思わず下着ドロの頭をパシーンとはたいてしまった。

世の中には常識では考えられないおかしな性癖があるが、笑ってはいられない。下着ドロは再犯率が高く、エスカレートすると強制わいせつや強姦（現・強制性交等罪）事件に発展しかねない。ところが下着泥棒は「窃盗罪」だから、初犯であれば執行猶予《しっこうゆうよ》付きですぐ釈放されてしまう。だからワシは、下着ドロ容疑者を逮捕したら念入りにガサ入れをして、なるべく多くの余罪を立件することを心がけていた。

サイレンが鳴りやまない！

刑事は地道な捜査を経て、注意に注意を重ねて犯人を逮捕する。逮捕状を裁判官に請求するには、被疑者の内偵捜査を実施して、仕事や生活環境を把握する必要がある。

逮捕状と被疑者宅をガサ入れする捜査差押許可状の発付を受けたら、「Xデー」前夜に新米刑事が被疑者の在宅を確認して、被疑者が寝るまで張り込みをするのが習《なら》わしだ。捜査員が踏み込む際、確実に被疑者の身柄を押さえられなければすべてが水の泡だからや。

ある窃盗事件のXデー前夜、覆面パトカーで被疑者宅を張り込んだ時のことだ。ワシは人目につかないよう、車のシートを倒し寝そべった状態で被疑者宅を監視していた。

「よっしゃ、寝たな。いよいよ明日着手や」——部屋の電気が消えてしばらく時間が経ったのを確認したワシは、大あくびをしながら寝そべったまま足を組み替えた。

その時、何かが足に引っかかった感触があった。いまどきの覆面パトカーは、インパネ中央のボタンでサイレンや赤灯《あかとう》を操作するが、当時は運転席のセンターコンソール部にスイッチがあった。

げっ！　スイッチに足が引っかかってしもうた……。

慌ててスイッチを切ろうとしたが、時すでに遅し——ウォーン、ウォーン……とけたたましいサイレン音が深夜の住宅街に鳴り響いた。

どうか気づかんでくれっ！　神にも祈る気持ちで被疑者の部屋に目を向けると、消えていたはずの電気がいつの間にかついている。ここで被疑者を逃がしたらエライこっちゃ。

猛ダッシュで被疑者の部屋に向かったが、室内はすでにもぬけの殻《から》だった。無線で報告をして署に戻ると、刑事課長に「このドアホ！　犯人を捕まえるまで帰ってくるな」と目ん玉が飛び出るほど叱られた。その後、被疑者の身柄を確保することはできたが、あれほど身の縮む思いがしたサイレン音はもう二度と聞きたくない。

霊安室での出来事

前にも少し触れたが、あまり知られていない警察官の仕事として「検視」がある。

警視庁は鑑識課のなかに検視官がいるが、徳島県警など地方の警察では捜査第一課のなかに検視係があり、検視官や検視補佐、検視係長がいる。

変死体や変死の疑いがあるケースでは、主に警察署の霊安室《れいあんしつ》で刑事と鑑識が検視を行う。事件性のある遺体については、「鑑定処分許可状」という令状を裁判官に請求して監察医が執刀し、その補助を刑事が行うわけや。

ワシが刑事になった頃は新米刑事が解剖の補助をするのが習わしで、監察医が取り出した臓器の重量を量ったり、解剖後の遺体を縫合《ほうごう》する作業を行っていた。

ワシは殺人事件の被害者の遺体を縫合しながら、「絶対に犯人を逮捕し、全面自白させて謝罪させます」と誓っていた。縫合後の遺体はさらしで包んだ。血液や体液が滲《にじ》む場合はラップを巻き、その上にさらしを巻いた。少しでも綺麗《きれい》な状態で、ご遺族と対面してもらいたかったからや。

慣れることができなかったのが遺体の臭いや。長い時間をかけて解剖を行い、終わった後すぐにシャワーを浴びても、あの独特の臭いはなかなか消えなかった。何も言わなくても、検視から戻って来たことが一発でわかるほどの臭いやった。

なかには刑事が涙にくれた検視もある。

10階建てマンションの下に、2人の乳幼児と母親らしき女性が倒れている。みな流血してすでに死亡している——ある日、そんな一報を受け現場に急行すると、報告の通り3体の遺体があった。赤ちゃんが飛び降り自殺をするはずがないから、母親らしき女性、もしくは第三者が突き落とした殺人容疑の事案やな——そう頭を整理したワシは、署に搬送された3遺体の検視を始めた。署内の霊安室に若い女性と乳幼児の遺体が並び、鑑識係を含む刑事4名で1体ずつ丁寧に検視した。

赤ちゃんの遺体は、触っただけで全身の骨がバラバラになっていることがわかった。何の罪もない可愛い顔が蒼白《そうはく》になり、その頬《ほお》には乾いた一筋の涙の痕《あと》があった。

「母親に屋上から落とされる時に、目を覚まして泣いたものと思料《しりょう》される……」

死体の所見を説明する係長の声が詰まり、ワシもメモ書きしていた書類が涙でぐちゃぐちゃになった。気づけば、霊安室にいる刑事全員が声をあげて泣いていた。

捜査の結果、若い母親が子供たちをマンションから突き落とし、自身も飛び降りた心中事件であることが判明した。被疑者死亡による殺人事件として母親を書類送検した。

刑事は遺体の検視を2日に一度の頻度で行うが、自然に涙が溢れ出たのは後にも先にもこの時だけだった。

刑事の扱う事件に同じものはひとつとしてない。とりわけ駆け出しの頃は、ひとつひとつの事件に学びがあり、傷ついた人を助ける仕事がしたいという思いが、日に日に強くなっていった。いま振り返ると、それが後に様々な事件で捜査にあたる自分の基礎になったのだと思っている。

第五章
暴走族とヤクザとリーゼント刑事

高校時代は表で生徒会長をしながら、裏で暴走族を仕切っていたワシだが、刑事になってからも暴走族との〝くされ縁〟は続いた。

ワシが駆け出し刑事の頃、鳴門市でいちばん広い「谷道路」をシャコタン（改造して車高を落とした車）に乗って爆走する暴走族がいた。ある時、谷道路沿いを歩いていたら、目の前で暴走車両が3～4歳ほどの女児と接触しそうになった。しかも車中から「気をつけろ、コラっ！」と捨て台詞《ぜりふ》を吐かれ、驚いた女の子はウエーンと泣いて母親らしき女性に抱きついていた。

一部始終を目撃したワシは、それから毎日同じ時間に、暴走族がたまり場にしている本屋の前でうんこ座りを続けた。女の子を轢《ひ》きそうになった車両を見つけ出し、お灸《きゅう》をすえてやろうと睨みをきかせていたんや。

すると数日後、暴走族の2人組がうんこ座りをするワシにおずおずと近寄ってきて、恐る恐るこう尋ねた。

「あの～すみませんが、どこの組のお方ですか？」

どうも暴走族仲間の間では、「谷道路で毎日、暴走族にガンを飛ばしているヤクザがおる。早く何とかせんとヤバいんじゃないか」との噂が飛び交っていたらしい。

「ドアホ！　ワシは鳴門署刑事課の秋山じゃ！」

一喝すると2人は目をキョロキョロさせて、「え、ホンマですか⁉」と驚いた。完全にワシのことをホンマモンのヤクザと信じとったんやな。

そこから暴走族連中と顔見知りになって、交流するようになった。彼らからしたら、5つほど年上の変わった刑事は、兄貴分のような存在だったのだろう。

当時、ワシは警察官舎にひとりで暮らしていた。古びた市営住宅を警察が買い取ったもので、官舎としては珍しい一軒家だった。暴走族の連中はよくそこに遊びに来た。ワシにとってもいい情報源になるので、遊びに来たら「ついでにメシでも食っていけや」とよくメシを食べさせていた。

あの頃、ワシは日産が誇る名車、スカイライン・ジャパンに乗っていた。暴走族連中に「メシ食ったら洗車しとけや〜」と命じると、愛車を洗ってワックスをかけてくれた。車好きばかりだったから、タイヤやアルミホイールまでピカピカにして、「これでどうですか。秋山さん！」と言ってニコニコと満足そうに笑っていた。

夏場には一生懸命にワックスをかけると、汗で体がびちょびちょになる。ワシがご褒美《ほうび》のアイスキャンディーを買って戻ると、彼らは嬉しそうに頬張っていた。暴走族になって荒れた生活を送り、大人の前ではツッパってばかりの連中だったろうが、ワシの前では10代の少年らしい素直な姿を見せていた。

暴走族の披露宴

すっかり打ち解けた暴走族が、警察の捜査に協力してくれたこともある。

「秋山さん、鳴門駅前の路地に隠すように車が停まっています」

ある日、暴走族メンバーから連絡が入り、ナンバーを照会すると、前日に盗難届が出された車だった。「ボンネットはまだ温《ぬく》いか」と聞くと、「まだ熱いです」と言う。

「よっしゃ。いますぐそっちに行くから、張り込みしておいてくれ」――

現場に急行すると、暴走族メンバーが仲間を呼び、自動車泥棒が逃げられないよう監視してくれていた。おかげで難なく被疑者を確保できた。

それから数か月後、ワシは空き巣事件の捜査を担当した。

現場の実況見分《けんぶん》と鑑識を終えて周辺の聞き込み捜査を始めると、「被害者宅の裏口から出てきた男が、白い小型車で立ち去った。あいつらが犯人ちゃうかな」との目撃情報が得られた。そこでワシは暴走族メンバーに電話を入れ、「オウ、白の○○や。すぐ捜せ」と車種を告げた。すると、そのメンバーは直ちに暴走族ネットワークで情報を回し、その日のうちに「秋山さん、見つけましたよ」と報告してきた。暴走族連中の情報力と機動力により、無事に空き巣の犯人を逮捕できたのだ。

ワシは最初に連絡したメンバーに、「ありがとうな。鳴門警察署長からお前に感謝状を贈るよう上申してあげるけんな」と告げた。するとそいつは、「秋山さん、俺にはそんな感謝状は似合わない。俺は、ちょっとでも秋山さんの助けになれれば、それでもう満足なんです」と言ってくれた。ずいぶん男前な暴走族もいたもんや。

暴走族とのかかわりでは「解散式」も印象深い。

「罪を憎んで人を憎まず」という信念を持つワシは、暴走族の連中が再び罪を犯さないよう指導することが自分の使命だと思っていた。

補導された暴走族の連中は取調室では反省するが、一歩外に出ると知らん顔ということがよくある。「お前、家に帰ったらちゃんと親に謝れよ」と言って聞かせると「ハイ、謝ります」と調子よく返答するものの、それを実行するやつはほとんどおらんのが現実だった。

そこでワシが思いついたのが解散式だ。暴走族が問題を起こしたら、メンバーとその親を警察署に集めて、特攻服や凶器をすべて没収する。そして代表者が「暴走族は解散します」と宣誓して、メンバー全員が親に向かい、「これまで本当にすみませんでした」と頭を下げる——これが、ワシが考案した解散式だった。鑑別所や少年院に送致されたメンバーについては、社会復帰してから別途機会を設けることにした。

こうした儀式をすることでひとつのケジメがついて、彼らが新しい人生を踏み出せるとワシは思っている。振り返ればワシの官舎に遊びに来ていた暴走族も、ほとんどが解散式を経て「元暴走族」になった連中だった。

解散式を終えた後、「元暴走族」対「鳴門警察署」でソフトボールの試合をしたことがあった。結果は鳴門署のボロ負けだった。その時、意気投合した暴走族リーダーは、のちにワシを自身の結婚式に招待してくれた。

式の当日、リーゼントと正装をビシッと決めたワシが8人掛けのテーブルに座ると、同じ机の全員が元暴走族メンバーだった。みんな真面目な仕事をしているのだが、風貌は暴走族時代から抜け切らず、金髪にパンチパーマ、剃り込みにサングラスというチンピラスタイルそのもの。おめでたい席で異様な雰囲気を醸《かも》し出していた。

披露宴後に聞いた話だが、他の出席者のなかには、テーブルの真ん中に陣取るリーゼントのワシがチンピラ軍団のリーダーだと思っていた人もおったらしい。

親子2代の解散式

暴走族の解散式については、後日談がある。

最初の解散式を行ってからおよそ15年が経過した1999年、ワシは県警本部の捜査第一課係長になっていた。この頃、徳島県南部にある阿南《あなん》警察署管内で暴走族同士の抗争が勃発《ぼっぱつ》して、双方のメンバー計40人が大乱闘する事件があった。互いに野球のバットで殴り合うムチャクチャな乱闘で、参加した少年らを殺人未遂、傷害、暴力行為、凶器準備集合などの罪で逮捕した。本来は所轄の交通部が担当する事件であるが、殺人未遂容疑を含む事件であることから、当時の捜査第一課長から「アッキャン、任せるよ」とワシが一任されたのだ。ワシは逮捕した少年らの多くを検察庁に送致した。

事件終結後の99年9月9日、乱闘を演じた両グループから、逮捕、起訴を免《まぬが》れたメンバーなど参加可能な者を阿南警察署に集めて、解散式を行った。彼らが記念すべき日付を忘れないよう、「99・9・9」と覚えやすいゾロ目の日に解散させたんや。

翌年、板野警察署で行った別の暴走族グループの解散式では、こんなこともあった。式が終了して署から出ようとすると、トントンとワシの肩を叩く女性がいた。聞けば約15年前に解散式を行った暴走族メンバーの元妻だという。そのメンバーはよくワシの官舎に遊びに来ていたから、よう覚えとった。ワケあって離婚したが、元夫は更生《こうせい》して真面目に働いているとのことだった。

それにしてもなぜ元妻がこんなところにおるんや？　不思議に思っていると、その女性はワシに向かってこう言った。

「実は、今日解散式をやったのは私の息子なんです。秋山さん、親子2代の解散式をしてくれたんです。本当にありがとうございます」

そんな驚きの出来事から数年後、徳島市内のうどん屋でたまたまこの女性と再会した。「ご無沙汰しています。厨房《ちゅうぼう》で頑張っているのが息子です」。彼女が目を向けた先には、白いハチマキ姿で一生懸命にうどんを打つ若者の姿があった。

一度は道を踏み外しかけた元不良少年が、一生懸命働く姿にワシは胸を打たれた。それと同時に、親子2代にわたって暴走族を更生させることができたという達成感が湧いてきて、刑事として働いていることにたまらない幸せを感じた。

1000人のヤクザ

警察時代はヤクザとも何度もやり合った。

「秋山さん、大変や。鳴門の旅館で山口組が襲名《しゅうめい》式をするそうや」

新米刑事として奮闘している時、元暴力団員からそんなタレコミがあった。

山口組三代目の田岡一雄《たおかかずお》組長が死亡後、竹中組《たけなかぐみ》の竹中正久《まさひさ》組長が跡を継ぐことになり、竹中組に反目していた勢力が一和会《いちわかい》を結成した。一大勢力の山口組が分裂するという、ヤクザ界が激しく揺れ動いた時代だった。

兵庫県警は竹中組長の四代目襲名式を警察のメンツにかけて阻止すべく、兵庫県内のホテルや旅館を片っ端から閉鎖した。しかし故・田岡組長が徳島出身であり、その一の子分が徳島のヤクザだった縁から、鳴門市内の旅館で襲名式を行うことになった。

旅館に連絡すると、「もう前金もらっている。いまから中止したら、ヤクザに何をされるかわからない。警察に私の命の保証ができますか」と主人に言われた。関係各所は全力で阻止しようとしたが力及ばず、襲名披露が強行されることになった。

迎えた84年7月の襲名式には、山口組直系組長のほか、稲川会や住吉連合など全国の友好団体の親分衆ら100人以上が参列した。子分を含めると1000人以上のヤクザが鳴門の旅館に集結し、一帯にヤクザ映画顔負けの光景が広がった。

襲名式の出席者には何重ものボディチェックを行い、車のトランク内部まで隈《くま》なく調べた。新米刑事だったワシは旅館前に陣取り、訪問するヤクザのボディチェックを担当した。

しばらくすると坊主頭のいかつい男が姿を現した。この日の主役、竹中正久組長その人だった。テレビで見たことあるわい、と思いながら背広の内ポケットをまさぐったら、いきなりこう凄まれた。

「ワレ、コラ！　この若い衆」

どうもワシの白手袋が汚れていたのが気に入らなかったようだが、ワシも若くて血気盛んな頃だったから、こう応戦して火花が飛んだ。

「なんやコラ、ワレ！」

竹中組長の傍らには後の山口組五代目組長、渡辺芳則《わたなべよしのり》若頭《わかがしら》補佐がボディガードとして控えており、その場がにわかに殺気立ったが、幸いにして大事には至らなかった。

その後、ワシは本部のマル暴（暴力団担当刑事）に呼び出されて、「秋山、あれはお前が悪いで。相手は今日のヒーローなんやから、そんな手袋で汚してはいかんのや」と注意を受けた。ワシが納得できないそぶりを見せると、その刑事は「ただな、秋山よ」と組長連中を遠目で睨みつけながら続けた。

「あいつらが唾《つば》を吐いたり、立ち小便でもしたら、軽犯罪法違反でパクれる。どんな事件でもええから、あいつらを留置場に入れるのが我々の仕事なんや」

その言葉を聞いて、なるほどと膝を打った。それまでのワシは大きな事件を解決することしか頭になかったが、組織犯罪に対しては罪の大小を問わず、対処するやり方がある。

一般的な事件は証拠を集めて犯人にたどり着いて逮捕するが、マル暴は狙いを定めてから逮捕するための証拠を探すのだと勉強になった。当時はまだ組織犯罪処罰法がない時代。凶悪なヤクザを取り締まって市民を守るために、マル暴の刑事がいかに知恵を絞っているかを思い知らされた。

危ない刑事がやって来た

刑事7年目で中堅的な立場になった頃、別の警察署に転勤となった。当時はちょうど30歳ぐらいで仕事漬けの毎日。サウナが好きなワシは勤務が終わると、骨休めのために官舎近くの銭湯に通うようになった。

そこですぐに気づいたのが、その銭湯がヤクザの行きつけということだった。当時は管内に大きな暴力団が2つあり、派手な入れ墨をしたヤクザが2〜3人、毎晩のように銭湯に通っていた。

しかも呆《あき》れたことに、連中は「○○組×××」と黒マジックで書いた名前入りの〝マイ洗面器〟を脱衣所の木製ロッカーの上にズラリと並べていた。そんな光景を目の当《ま》たりにしたら、一般の人たちは怖くて銭湯に通えないはずや。

頭にきたワシは、ロッカーに10個以上置いてあったヤクザの洗面器をせっせとかき集めて、全部ゴミ箱に放り捨てた。そして代わりに「〇〇警察署刑事課　秋山」と同じように黒マジックで書いた洗面器をこれ見よがしにロッカーの上に置いてやった。

するとヤクザがパタリと銭湯に来なくなった。のちにマル暴の担当者に聞いた話では、当時、柴田恭兵《しばたきょうへい》さんと舘《たち》ひろしさんの主演で人気だった刑事ドラマ『あぶない刑事』になぞらえて、「今春の警察人事異動で所轄の刑事課に、危険で何をするかわからん〝危ない刑事〟が異動してきた」と暴力団関係者の間で噂になっていたそうや。

銭湯の主人には「おかげで普通のお客さんが来るようになりました」と喜んでもらい、善良な市民を守るための銭湯ヤクザ排除作戦は大成功を収めたのである。

暴力団排除条例ができるなどして、ワシが現場にいた頃と取り締まりを巡る環境は大きく変わってきているが、今日も全国の警察官が一般市民を守るため、ヤクザ者と対峙しているということは心のどこかに留めておいてほしい。

暴走族の「解散式」に立ち会う筆者。更生したメンバーとは、その後も長く交流が続いた

第六章 リーゼント刑事危機一髪

刑事の仕事は常に危険と隣り合わせや。ワシは長い刑事生活のなかで何度も「これはアカン」という絶体絶命の場面に遭遇し、すんでのところで危機を乗り越えてきた。

多種多様な凶悪犯罪のなかでも、人質立てこもり事件は被害者が犯人の手中にあり、事件自体が流動する。通常の事件は発生後に認知してから捜査を始め、犯人と証拠を探し出すが、立てこもりは事件そのものが犯人主導で動いているから、捜査の難易度が高い。しかもわずかなミスが被害者の命に直結する。

現場の経験が足りない捜査幹部や捜査員がこの種の事件を担当すると、一瞬の判断に迷いが生じて最悪の結末を招く可能性がある。人質立てこもり事件と同質の難易度があるのは、身代金目的誘拐事件だけだろう。

ただ、こうした凶悪犯罪はめったに発生することがない。現役時代に一度も遭遇しなかったという刑事も珍しくない。

ところがワシは、それほど稀有《けう》な人質立てこもり事件を、なぜか1年の間に2度も経験した。しかも両方とも、一歩間違えれば命を落としたかもしれない危険な現場だった。

「アカン、死んだ」


あれはワシが徳島東警察署で刑事第一課強行犯係の係長をしていた時だった。

「隣の家から突然、『助けて〜！』という声が聞こえました」

住民からこんな110番通報があり、ワシは覆面パトカーで現場に直行した。当初は揉《も》め事かケンカやろうと思っていたが、現場に到着すると、「助けて」という声が聞こえてきたという平屋の一軒家は玄関や窓がすべて施錠されて、カーテンが閉められていた。

「ごめんくださ〜い！」と玄関から声をかけてもシーンとして何の反応もない。

異様な雰囲気を感じ取ったワシは、家の裏の窓から声をかけ続けた。しばらくすると、「助けてくれ〜！」と叫ぶ男の声が聞こえて、その直後に「うるさいんじゃ！　黙らんかい！」と怒鳴る別の男の声が聞こえた。

これは人質立てこもり事件や――そう直感したワシが「どうしてほしいんじゃ。アンタは誰じゃ。一緒にいる人はケガしていないか」と説得を始めると、犯人は「俺は○○じゃ。マスコミを呼べ。俺の花道を映せ！」と要求してきた。

ワシは「まあまあ、とりあえず人質を解放してくれや。それで、じっくり話し合おうやないか」と話しかけた。人質立てこもり事件では、説得役が言葉を間違えると人質に危害が加えられることがある。ワシは犯人をできる限り落ち着かせるように腐心《ふしん》して説得を重ねた。そのなかで、被疑者と人質がかつての「ムショ仲間」ということがわかった。

極度の緊張状態のなか時間はどんどん過ぎ、説得を始めてから約10時間が経っていた。

周辺が夜の帳《とばり》に包まれた午後9時頃、家のなかから突然ガサゴソという物音が聞こえてきた。犯人の拘束《こうそく》から逃れた人質が、トイレの窓から脱走したのだった。

「人質が逃げた！　いまがチャンスや！」

ワシらは瞬時の判断で窓ガラスを割り、室内に突入した。そこには出刃包丁を右手首に巻き付けた男がいた。男はあっという間に距離を詰め、出刃包丁を頭上まで振りかぶってワシに斬りかかって来た。

咄嗟に手刀《しゅとう》で受けたが、出刃包丁が迫り、「アカン、これは死んだ」と観念した。

だがその時、別の捜査員が男の下半身に渾身《こんしん》のタックルをかまし、仰向《あおむ》けに倒した。直後に大勢の捜査員が部屋に雪崩《なだ》れ込み、男の身柄を確保した。ワシはここぞとばかり、

〝バシャーン〟と思いっきり犯人の手首に手錠をかけてやった。

一命をとりとめたのはよかったが、若い捜査員たちが雪崩れ込む際、倒れていたワシの背中をドスドス踏んでいきよった。あまりの痛さに「オイちょっと待て！　下にワシがおるんじゃ……」と叫んだつもりだったが、捜査員たちには届かなかった。

それにしても、捜査員のタックルがコンマ何秒遅れていたら、ホンマにワシはあの世行きやった。よく言われるように、死の危機に瀕《ひん》してそれまでの思い出が走馬灯《そうまとう》のようによみがえることはなかったが、あの時の包丁男の動きはいまでも、スローモーションビデオのように鮮明によみがえる。

まだ生きとるんやが……

その数か月後、またしてもとんでもない事件が起きた。

今度は包丁とガソリン入りのポリタンクを持った男が、中年女性を人質に立てこもっているという。ワシは消防にも出動を要請し、現場に急行した。

現場はやはり、平屋の一般住宅だった。窓のカーテンはすべて閉められ、玄関は施錠されている。ワシはその場で待っていた被害者の親族から部屋の間取りを聞き、玄関先から「徳島東署の秋山です。誰かいたら返事をしてくれますか。コトを大きくしたくないので、相談に乗りますよ」と声をかけて説得を始めた。

それから1時間ほどすると、人質の中年女性が玄関からよろよろと出てきた。駆け寄って話を聞くと、立てこもっているのは女性の元交際相手の65歳男性。包丁とガソリン入りのポリ容器を持参して女性のもとに現れ、鬼の形相《ぎょうそう》で復縁を迫ったのだという。

女性がスキを見て自力で脱出したので、部屋のなかには男がひとりでいるはずや。ワシらは男の名前を呼びながら家のなかに踏み込み、室内を隈なく確認した。だが、人の気配は感じられない。居間の掃《は》き出し窓がわずかに開いて、カーテンがかすかに揺れているのを見て、男が逃走したものと理解した。

念のため、もう一度屋内の隅々まで誰もいないことを確認するよう部下に指示を出し、「犯人は窓から逃走中。全員捜索願います」と無線で報告した。張り詰めた緊張感が少し緩んだその瞬間だった。居間の隅にあるタンスのトビラがバーンと開き、なかからガソリン入りの赤いポリタンクを持った男が勢いよく飛び出してきた。

「近寄るな！　ワシャ、死ぬんじゃ！　もうどうなってもいいんじゃ！」

自暴自棄《じぼうじき》になった男はそう叫び、ガソリンを部屋と自分の体にドバっとぶちまけた。

「おいおい慌てるな！　落ち着け、話し合おう！」というワシらの声に一切耳を傾けず、男はズボンのポケットから取り出したハンカチに100円ライターで火をつけた。

ボーンという爆発音とともに、気化したガソリンに一瞬で火が燃え広がり、辺り一面が火の海となった。ワシは反射的に犯人を助けようとしたが、間に合わなかった。大量のガソリンを全身にかぶった男は火だるまと化し、ゆっくり1歩、2歩と足を進めて、3歩目でその場にドスンと倒れ込んだ。まるでアクション映画のワンシーンのような光景やった。

ワシと部下2人は、猛烈な火と黒煙に襲われて逃げ場を失った。一酸化炭素中毒にならないよう床に這《は》いつくばって台所の勝手口を探したが、部屋中に広がった黒煙のせいで視界が悪く、一向に見つけられない。まさに死ぬ思いで避難先を探していると、屋外にいる捜査員たちの声が聞こえてきた。

「うわ～、これはごっつい火や。こりゃ、家は全焼するで～」

「大変です！　秋山係長たちが逃げ遅れて、まだなかにいます！」

「なんやと～、これはもうアカン。検視の準備をせい！」

いやワシらまだ生きとるんやけど……やはりアカンのんか？　猛火と黒煙に包まれたワシは命の灯が消えゆこうとしているのを感じ、２人の部下に心のなかで詫びた。

「守ってやれずにスマン。一緒に死ぬ羽目になってしまった。ホンマにごめんな」

部下のほうに目をやると、２人とも涙目でワシを見つめ返してきた。おそらく、彼らも死を覚悟してたんやろう。

いよいよダメかもしれない……と思ったその時、台所のほうからかすかな光が差し込んでいることに気がついた。目を向けると、シンクの上に小窓があるのが見えた。

「これは逃げられるかもしれん。死ななくて済むぞ」――最後の力を振り絞り、駆け寄って小窓を開けると、そこには鉄格子《てつごうし》が設置されていた。万事休すか……いや、まだ諦めるわけにはいかない。部下だけでも助けなければならんのじゃ！　無我夢中のワシが咄嗟に空手の横蹴りをかますと、ピキッという音がして鉄格子にヒビが入った。そのまま渾身の力を込めて鉄格子を蹴破り、最初に部下２人を屋外に脱出させた。

よしっ、何とか助かりそうや。ところが、部下に続いて窓から這い出ようとすると、なぜか前に進めない。あれっ？　あろうことか、ワシの着ていたハーフコートが折れた格子に引っかかり、動きを封じられていたのだ。

「ちょ……ちょっ！」――じたばたしたら何とか格子が外れて脱出できたが、引っかかった瞬間は、この日2度目の死を覚悟するとともに、現場にハーフコートのまま突入した自分を大いに恨《うら》んだ。

あの頃、ワシは自分の命を盾にしてでも被害者の命を守る気持ちでおった。それがワシの生き様であり、刑事魂であるとの揺るがぬ決意があった。だから実際に死にそうになっても、刑事になったことには微塵《みじん》も後悔はなかった。

危険な任務に従事する警察官の多くが「一般市民を守るためなら、現場で死んでもいい」という気持ちで活動していることを、みなさんにも知ってほしい。

包丁が風を切る音

「入院中の男が刺身《さしみ》包丁を持って籠城《ろうじょう》している。男は『母親を呼べ、殺してやる！』と叫んでいて手に負えない」

新米刑事の頃、管内にある精神科病院からこんな電話があった。入院中の覚せい剤中毒患者が包丁を持って自室に立てこもっているという。人質はいないものの凶器を持っていて危険な状態のため、ワシは盾を持って現場に向かった。

職員に案内されて6畳一間の畳部屋に踏み込むと、男は押し入れのなかで座り込み、目の前にドンと刺身包丁を突き立てて「オカンを呼べ！　殺してやるんじゃ！」と大声で叫んでいた。「わかったわかった。相談に乗るから、押し入れから出てこいや」と説得するも聞き入れられず、3～4時間ほど膠着状態が続いた。

「オカンを呼べ！」「落ち着くんや！」「うるさい！　オカンを呼べ！」

同じようなやり取りが長時間続いたのち、男が無言で押し入れから降りてきた。「包丁を捨てなさい！」と近づきながら声をかけると、男は頭上に振りかざした包丁を、ワシめがけて振り下ろした。「あ、アブなっ！」――距離があったからワシまで包丁は届かなかったが、包丁が風を切る「ブォン」という音がハッキリと聞こえた。

最初の1発を避《よ》けた時に足を滑らせたワシは、次の一撃にとても対処できそうになかった。「ヤバイ、もう一発来たら確実に殺される」という思いが瞬時に脳裏《のうり》をかけめぐった。

しかし、男は最初の一撃後にくるりと後ろを向いて、無言で押し入れのなかに戻った。一命をとりとめたワシは説得を再開したが、またも進展がなくラチが明かん。力ずくで引きずり下ろすしかないと判断し、応援を要請した。

その後、到着した捜査員が刺股《さすまた》を持って押し入れを取り囲んだ。スキを見て男に襲いかかり、暴れる男を刺股で制圧した。捜査員が手を押さえたスキに医師が男の腕にブスッと睡眠薬を注射すると、ものの数秒で男は眠りに落ちた。

その後、男は閉鎖病棟に入院することになった。あの時、男がもう一撃を加えてきていたら、ワシのその後の人生はなかったはずや。

「秋山にシャブを打たれた」

ワシが危機に見舞われたのは事件現場だけではない。実はワシは刑事人生のなかで3度も公判に呼ばれた経験を持つ。最初は鳴門署の捜査係時代。鳴門市内のラブホテルに泥棒が入り、客の高級腕時計と現金を盗む事件があった。この時、ワシが逮捕した被疑者は前科が10件以上ある札《ふだ》付きで、人生のほとんどを刑務所で暮らしていた。

ホテルの侵入口に被疑者の指紋がついていたが、男は「そんなホテルには入ったことがない」と事件について完全否認して、逮捕時につけていた被害者の腕時計についても「知らない男にもらったんや」と言い張った。

ところがこの男が公判中、「秋山刑事に逮捕されて、車で連行される時に暴行された」と急に根も葉もない主張を始めて、ワシが裁判に呼び出されることになった。ワシが車中で暴行を加える理由もなく、この主張には裁判官も呆れていた。

2回目は香川県警の機動捜査隊に出向中、高松市内のラブホテルの店長から「女性客が部屋から何日も出ず、怒鳴り声をあげている」との110番通報があった。現場に急行して合鍵で部屋に踏み込むと、女性は意味不明の言葉を発しており、傍《かたわ》らに注射器があった。腕には注射痕があり、シャブの陽性反応が出たので覚せい剤所持の容疑で現行犯逮捕した。

これで一件落着や……と安心していたら、後日、香川県警関係者からこんなことを耳打ちされた。

「あの～、絶対ありえんと思うんやけど、確認だけ……」

「いったい何ですのん」

「実は、あのシャブ中の女が、『ホテルの部屋でリーゼントの刑事にシャブを打たれた』と言っとるんですが……」

この証言にはワシも仰天《ぎょうてん》した。注射器からワシの指紋が検出されなかったことの鑑識結果や、一緒にホテルに踏み込んだ同僚の調書などを提出しても女は証言を変えず、また も検察官から出廷を命じられた。奇《く》しくもラブホテルで起きた事件で連続して出廷を求められたわけだが、ともに荒唐無稽《こうとうむけい》な証言だったので、いずれもワシの証言が認められた。

公判に出廷した時のことで、よく覚えているのは出廷前の検察官との打ち合わせや。想定問答が終わって最終確認をしたのち、いかにも真面目そうな検察官が「秋山さん、ひとつだけお願いがあります」と切り出した。

「裁判官は自由な心証で判断します。だから、裁判官が見て、『うわっ、この刑事ワルそうやな』『コイツならホンマに机蹴ったり大声出したりするんちゃうかいな』と思われたら、こちらの負けになります」

ふむふむ、それはその通りやな。納得するワシに検察官はこうたたみかけた。

「だから公判の時だけは、そのリーゼントをやめてくれませんか」

その言葉を聞いて一瞬絶句したワシだが、「いまから七三分《しちさんわ》けになんてできませんわ！」と、すべてリーゼントで出廷した。神聖なる公判の場で「裁判官の心証をよくするため」に生き様のリーゼントをやめる？　それこそ法廷侮辱《ぶじょく》に等しい行為や。

この後も「秋山に自白を強要された」という被告人の嘘で裁判所のお呼び出しを食らったが、もちろん「捜査官の供述調書には信用性がある」と認められ、被告人の有罪が確定した。当然のことだが、法廷の場に出ても恥ずかしくない捜査をすることは重要なんや。

こうした経験もまた、のちの刑事人生にプラスになったのだと思う。

第七章
取調室の攻防

新米刑事時代、「取り調べ」「聞き込み」「書類作成」の3つを一日でも早く自分のモノにしろと先輩刑事からうるさく指導された。ワシはそのなかでも取り調べが大好きで、必ず〝取り調べの名人〟になってやろうと心に決めていた。

取り調べで最も重要なのは、言うまでもなく被疑者から「自白」という証拠を引き出すことだ。しかし、ワシはそれと同じくらい、取り調べという限られた時間で、被疑者を改心させることを重要視していた。

被疑者を自供させて罪を認めさせることを、警察用語で「ウタわせる」と言う。狭い取調室で2人きりになって顔と顔を突き合わす時、こちらの心を丸ごとさらけ出すことで、相手も心を開くことが少なくない。

もちろん、勾留《こうりゅう》期限内にウタわせなければならないプレッシャーもある。被疑者が頑《がん》として心を開こうとしない場合、ワシはあの手この手で相手の懐に飛び込んだ。「取り調べの可視化」が当たり前の現代では考えられないようなウルトラCを繰り出したこともある。

テレビドラマのようにデスクライトを被疑者に当てて、「お前がやったんやろ！」「吐け！」と机をバンバン叩いて自白を求めることだけが取り調べではない。取調室のなかには刑事と被疑者の2人だけのドラマがあるんや。

時にはハッタリも

新米刑事の頃、管内で窃盗が多発した。しかしなかなか犯人を見つけることができず、署の留置所に収容する容疑者がゼロというお寒い状況が続いた。すると、見るからに機嫌が悪い署長が「オウ秋山、署長室にちょっと来い」とワシを呼びつけた。

「オイ、これだけ空き巣や金庫破りに入られて、留置場がカラとはどういうことや。お前はとにかく泥棒を捕まえろ。逮捕するまで署に戻るな！　わかったな！」

容疑者を逮捕するまで職場に行けないとは難儀《なんぎ》なことや。思わぬハッパをかけられたワシは血眼《ちまなこ》になって怪しい現場の張り込みや警戒を続けたが、1週間経っても窃盗犯を見つけることができなかった。

これはいよいよアカンな……と焦《あせ》っていると、交通課の先輩から「アッキャン、無免許でパクった被疑者に盗癖と窃盗の前科があるみたいや。いっちょ、取り調べてみるか」と声をかけられた。ありがたい誘いだったが、窃盗の証拠は何もない。どうしたものかと頭をひねったワシは、ある手を思いついた。

当時は窃盗が連続発生していたので、山のように溜《た》まった被害届を5冊ほどの大きなファイルにまとめて綴《と》じていた。ワシは大量の付箋《ふせん》に無免許で捕まった被疑者の名字を記し、それらをファイルの所々にペタペタと貼り付けた。ファイルを目にした被疑者に「お前の犯行ということはわかっているんやで」とプレッシャーをかけるためだった。

この作戦は功を奏した。取り調べの際、付箋だらけのファイルをドスンと机の上に置くと、男はそれをチラリと見て俯《うつむ》いた。しめしめ、狙い通りにコトが進んでいるなとワシはにんまりした。

この年は昭和60年だったので、取り調べ中にワシは何気なく机上の書類に「S60」と記した。するとそれを見た男が急に思いつめた表情になって、こう呟いた。

「ハァ〜、秋山さん。ボクがやったこと、全部わかっているんですね」

証拠は何もなかったが、ワシは厳《おごそ》かにこう答えた。

「当たり前やないか。全部わかっとるで……」

男が罠《わな》にかかって、思いがけないチャンスが来たようだ。こうなったら、相手に全部自白させなアカン。ワシは間髪容《かんはつい》れずに言葉をつないだ。

「いいかよく聞け。悪いことをしたら、自分のしたことを包み隠さず話すのが反省の証しなんや。そのことはわかっとるな。そやから、お前が進んで言うてみい」

「……わかりました。全部しゃべります」

うなだれた男がこれまでの空き巣や金庫破りをすべて自白すると、その数は50件に達した。管内の連続窃盗はみんなコイツの仕業《しわざ》だったんや。

後から聞いたら、男にとって最も高額な〝成果〟が60万円の金庫破りだった。ファイルに男の名前を書いた付箋が大量に貼ってあるうえ、おもむろにワシが「60」と書き始めたのを見て、男は「ああ、そこまで知っているのか。もうダメだ」と観念したのだった。

署長がニコニコ顔になったのは言うまでもない。

マリックさん、ありがとう

徳島県警察本部捜査第一課の主任の時、路上強盗をした20歳そこそこの被疑者がおった。少年時代の非行歴と前科がぎょうさんある男だったが、若いのにものすごく寡黙《かもく》で、雑談はおろか自分の名前も口にしようとせんかった。

当時、ワシの取り調べには定評があり、自分でも「オウ、取り調べならこのワシに任せておけ」とばかりに肩で風を切って署内を歩いていた。ところがこの被疑者は何度取り調べを重ねても、ワシの顔すら見ようとしなかった。

逮捕後の勾留期間は10日間で、その後、10日間の延長が一度だけ認められる。その間に供述調書をひとつでも取っておきたかったが、いつまで経っても被疑者は何もしゃべらない。1日、また1日と時間だけが過ぎていくとワシの胃はキリキリと痛くなり、自宅にいる時も朝から晩まで「どうやったらあいつから供述が取れるのか」ということばかり考えていた。ホンマにしんどい日々が続いていた。

そんなある夜、たまたまテレビをつけたら、当時大人気だった「Mr.マリック」の番組が流れていた。印象的なテーマ曲とともに見事な〝超魔術〟を披露する姿を見て、「これや！」と閃いた。ワシはすぐさま手品が趣味の先輩警官に連絡して「マジックを教えてください」と頼み込み、徹夜で10種類ほどの手品を教えてもらった。

あくる日、ワシは何食わぬ顔で取調室に入って、サッと取り出した手品用のトランプをシャッフルした。さすがに男は「ん？　なんだ!?」という表情を浮かべたが、続いてワシはマッチ棒を手に持ち、それを空中で移動させる覚えたての手品を披露した。

すると頑なに完黙《かんもく》（完全黙秘）していた男がワシの顔をチラッと見て、「刑事さん、うまいっすね」と呟いた。ワシは平然としながらも内心で「お前の声、初めて聞いたわ」とツッコんだ。

取り調べの最後にもワシは渾身の〝トリック〟を用意していた。

「お前がいま、腹のなかで何を考えているのか、ワシには全部わかる。すべてお見通しや。ワシはいまから部屋を出ていくから、この白紙になんでも好きなことを書いてみろ」

そう言い残し外に出た。取調室に残されたのは被疑者と部下の刑事だけや。

実は、部下のスーツには小型無線機が仕込まれていた。取調室の様子が筒抜けになるよう細工をしておいたのだ。受信機に耳を傾けると、被疑者が白紙にワシの名前を書き込んだことがわかった。すかさず部下が補足情報を伝える。

「お、『あきやま』って平仮名《ひらがな》で書いたんやな」

何食わぬ顔で取調室に戻ったワシは、被疑者に「お前……『あきやま』って書いたな。

しかも平仮名で」と告げた。動揺を隠せない被疑者は、口を半開きにして驚いている。

「え、何でわかったんですか?」

「すべてお見通しやと言ったはずや。この前、強盗したのもお前やろ……」

「す、すみませんでした。実は……」

こうして難攻不落《なんこうふらく》の城を落としたワシは、心のなかでマリックさんに深く感謝した。

取り調べの可視化や適正化が進んだ現在は、取調室で刑事が手品を披露するなど完全にアウトやろう。それでもワシは相手の心を開いて改心させ、再犯を起こさせないようにする取り調べをすることが、刑事の本分だと信じている。

リーゼントVSパンチパーマ

ワシが刑事をしていた頃はパンチパーマの全盛で、ヤクザだけでなく刑事やプロ野球選手、一般人がパンチパーマをあてることが珍しくなかった。

徳島県警察本部捜査第一課の強行犯係主任時代、スナックで酒を飲んでいた男が隣の酔客《すいきゃく》にしつこく絡まれ、相手を包丁で刺し殺す事件が起きた。犯人の男は自慢《じまん》のパンチパーマを撫《な》でられたことに逆上、自宅から包丁を持ち出して犯行に及んだという。男は髪型に相当なこだわりがあり、2週間に一度は床屋に通ってパンチパーマの手入れをしていた。

こんな短絡的な事件を起こす男だけに、取調室でも凶暴さは隠し切れなかった。

担当刑事から、「頭を撫でられただけで人を殺したのか」と言われると、男は「お前に何がわかるんじゃ、コラァ！」と、どエライ剣幕《けんまく》で凄んでいたという。

これはなかなかの難物ということで、取調官に指名されたワシが所轄の警察に応援に行くことになったのだ。何事も最初が肝心や。初対面で取調室に入った瞬間、男がワシを見て「刑事さんのリーゼントはキレイですね」と褒めよったから、ワシはすかさず「アンタのパンチもよう似おうとるわ～」ととびっきりの笑顔で返した。

この〝リーゼント&パンチ談義〟が盛り上がったおかげで、男はあっという間にワシに心を開き、その後は全面自供となった。男はワシの質問したことに素直に答えて、自分に不利な供述も一切隠すことなく、最後は目に涙を浮かべながらワシの説教に聞き入った。出会いの一発目で自慢の髪型を褒められたことが、よほど嬉しかったのやろう。

結局、懲役7年の判決が出て、この男は刑務所に務めに行った。最近はめっきり減ったパンチパーマの男性を街で見かけると、ふと男のことを思い出してしまう。

刑事に諭されウタった被疑者は、必ず自分のやったことを反省する。パンチパーマの男も手品を見せた男もウタってからワンワン泣いた。ワシは「よう辛抱《しんぼう》したな。お前らには必ず次の道があるんやで」と抱き合って一緒にむせび泣き、刑務所に移監《いかん》する時には「頑張ってな。病気するなよ」と言って見送った。

こうして送り出した被疑者は、刑が確定して刑務所に入ってから「今度、出所した時に挨拶に行きます」という手紙を送ってくる。これぞ刑事の本懐《ほんかい》や。

駄菓子屋のおばちゃんは見た

凶悪犯罪の被疑者の取り調べも何度も行った。

刑事になりたての頃、ワシは誰もいない取調室に入って、被疑者が座る場所に座ってみた。入口には刑事の座る場所があり、奥には格子入りの窓がある。被疑者の立場で、ここに座るとどんな心持ちになるかをじっと考えてみたんや。

その時、「もしもここにおる刑事が、自分の生まれや育ちまで知っていたら何も隠しようがないやろうな……」という気がした。

どれほど凶暴なヤクザも冷酷な殺人犯も、子供の頃はみんな純粋なもんや。ワシは殺人事件を担当するたびに、被疑者の故郷を訪れて、被疑者が生まれ育った家を見に行った。たとえば大きく立派な家だったら「平々凡々としたお金持ちで苦労をしておらず、金銭感覚もマヒしとったかもしれんな」などと被疑者のイメージを膨らませた。

それから被疑者が通った保育園や小学校まで歩いた。昔は携帯電話やパソコンがないから、住宅地図のコピーを片手に周辺を歩き回って、公園や空き地があったら、「被疑者はたぶん下校時にここで遊んでいたんやろうな」と想像していた。

必ず訪れていたのは家や学校の近所にある駄菓子屋や。そこで聞き込みをすると「ああ、あの子はいまでこそ悪くなったけど、小学校の頃はごっついええ子でね……」というように被疑者の意外な一面を知ることがあったからだ。

平成4年に徳島県内で2人が殺される事件があった。いつものように被疑者の実家を訪れてから近所の駄菓子屋に立ち寄ると、「あの子は小さい時はいい子でね、ウチで万引きをした子供を注意してくれたんだよ」という話が出てきた。

ワシは取り調べの際に事件の話を一切せず、最初に「ワシは子供の頃貧乏でなあ、いろいろ苦労したんや」と身の上話をした。すると向こうもこちらの話にだんだんと耳を傾けるようになった。子供の頃の思い出話を1時間も2時間も続けるうちに、相手は「僕も小さい時は野球が好きでした」と自分の話をするようになった。「そうか。そういえば駄菓子屋のおばちゃんが言いよったぞ。お前、子供の頃、万引きを注意したそうやな。素晴らしいな」――その言葉を聞いた被疑者の心は、小学校低学年の頃に戻ったようだった。「誰だって真人間《まにんげん》の時期はあるんや」と言葉をかけ、目がウルウルした被疑者を抱きしめた。「お前はよう頑張ってたやないか」。そう語りかけると、被疑者がついに泣き出した。

純粋な子供の心を取り戻して、感傷的になった時がウタわせるタイミングや。「あの時、何で殺したんや。動機だけ教えてくれや」とたたみかけると、被疑者は「いつにこんなことがあって、絶対殺したろうと思うたんです」と自供を始めた。

こうした心の交流が取り調べの醍醐味《だいごみ》だが、いまは取り調べ中に刑事が被疑者の体に触ることは許されていない。秋山イズムを継承したかつての部下たちは、取調室で窮屈《きゅうくつ》な思いをしていないだろうか。

空手の達人とドリーくん

相手に考えるスキを与えないことも秋山流取り調べの極意《ごくい》や。

捜査令状を取ってXデーの日に取り調べをしても、最初はみんな否認する。被疑者は警察がどれだけ証拠を持っているかが気がかりで、いろいろな駆け引きをしてくる。だから最初の接触が肝心になる。その際、「捜査令状が出ていますよ。いまから署のほうでゆっくりお話を聞かせてください」などと呑気《のんき》な物言いをしていたら、被疑者に言い訳を考える余裕を与えてしまう。新米刑事のワシも先輩のそんなやり方を真似して、ずいぶん被疑者に否認されて苦労した。

そこで編み出したのが、30秒以内に必要なことをパパッとたたみかけて、一気に自白させる秋山流の自白術だ。ある日いきなり、警察が来たら被疑者は慌てて動揺する。そのチャンスを逃さず、一気にケリをつけるんや。

08年、徳島市で2つのビルが相次いで爆発物による被害を受け、地元放送局に犯行声明文が届く事件があった。狙われたのは、徳島県日中友好協会が入るビルと、創価学会徳島文化会館だった。現場に飛び散った爆弾の破片や犯行声明文などから、あっという間に容疑者が浮上した。全身に入れ墨を入れた極真空手の使い手で、右翼思想を持つ男だった。

ドビーくんという大型の軍用犬を飼っていることもわかった。

ワシらは内偵捜査を進めて逮捕状を取り、いよいよXデーを迎えた。

ピンポーン。容疑者宅を訪問したワシは開口一番こう言った。

「徳島県警捜査第一課の秋山です。証拠はすべて揃っとるで」

その時、ウー、ウーという犬の唸《うな》り声が聞こえたが、ワシは焦ることなくこう言った。

「すまんが、お宅のドリーくんを奥にやってくれんか。ひとつだけ教えてくれや。何であそこを狙ったんや」

すると男はこう話した。

「いやあ、それを話すと長くなるんや。あとでゆっくり話す」

これは自白そのものや。後で聞いた話では、男はガサが入っても自白するつもりは一切なく、爆弾の火薬を川に捨てるなどの証拠隠滅をしていた。ところがいきなりワシが「証拠はすべて揃っとる」と突きつけたものだから、男の自信が揺らいだ。

しかもワシは飼い犬の名前まで知っていた。「これはもう全部知られているに違いない。素直に話したほうが刑期が軽くなるんじゃないか」——そんな計算が働いたことも、男が潔《いさぎよ》く自白した一因やと思っている。

男性刑事の性犯罪捜査

取り調べとは異なるが、男性刑事にとっては胃が痛くなる事情聴取もある。

昔は女性警察官がほとんどいなかったから、強制わいせつや強姦、強制性交の対応を男性刑事が行っていた。

性犯罪は男性器が膣《ちつ》に入ったら「既遂《きすい》」、入らなかったら「未遂《みすい》」になる。強姦既遂罪と強姦未遂罪では罪名や刑罰が異なるので、性被害に遭った女性に詳細な聞き取りをして、被害調書を作らなければならなかった。

しかし、男に襲われて大きなショックを受けている被害女性に、単刀直入に尋ねるわけにもいかない。ワシは最初に「犯人を絶対に許さない」「必ず捕まえます」と語りかけて被害者に寄り添い、最後の最後に挿入《そうにゅう》の有無を確認するようにしていた。

避妊具なしで挿入されていた場合、膣に残る精液を病院で採取、ＤＮＡ鑑定をして容疑者を割り出すことになる。そうした捜査過程について、刑事は「ＤＮＡは動かぬ証拠になるので、これで犯人がわかる」と説明するが、そうしたやり取りで事件のことを思い出してしまい、被害女性が泣き出すことがしょっちゅうだった。

性犯罪の捜査では、ダミー人形を使って実際に何が起きたかを再現する。被害女性が立ち会って、「私が上向きになりました」「犯人が両手を押さえました」と状況を細かく説明し、犯人役の刑事がダミー人形を使って事件の流れを再現するのだ。さらにその写真を撮って実況見分調書という書類にする。この調書は有力な証拠になるが、被害女性にとっては二次被害となりかねないので細心のケアが必要となる。

最近は女性警察官が増えて、性犯罪の被害調書と実況見分調書の取り方は改善されたが、ワシが携わっていた頃はただただつらかった。刑事の仕事は大好きだったが、性犯罪の事情聴取だけは被害者のためにも、女性警察官に替えてほしいと思っていた。

取り調べや被害者からの聞き取りというのは実に繊細《せんさい》なもので、刑事は細心の注意を払いながら工夫し、それぞれのやり方で相手と向き合っているものなんや。

第八章
リーゼント刑事、東京へ行く

1998年に明石《あかし》海峡大橋が開通すると、関東や関西から犯罪集団が四国に上陸するようになり、強盗や暴行などの凶悪犯罪が増えた。特に徳島は淡路島を渡ったらすぐの場所なので、徳島県内で犯罪を行い本州へ戻る「ヒット・エンド・ラン」型事件が増加していた。そうした状況に危機感を抱いた徳島県警の刑事部長と捜査第一課長が一計《いっけい》を案じた。東京の警視庁捜査第一課に徳島県警の刑事を1名派遣し、捜査のノウハウを学ばせようという計画だった。

白羽《しらは》の矢《や》が立ったのがワシだった。刑事部長室で捜査第一課長から、「秋山、警視庁に出向や」と打診されたワシは、「それはええアイデアやないですか。ぜひ行かせてください」と即断で快諾した。

2000年4月1日、ワシはワインレッドのワイシャツにダブルのスーツ、花柄のネクタイにリーゼントをバシッと決めて、辞令を受け取るために桜田門の警視庁に向かった。今日から警視庁の捜査第一課、バッチリ決めたるで——という心意気だった。

何事も最初が肝心や。勢いをつけてバーンと捜査第一課のトビラを開けると、徳島とは雰囲気が全然違った。警視庁捜査第一課の刑事はみんなスマートで、黒か紺のスーツにパリッとした白のワイシャツを合わせるスタイル。頭髪は七三分けか清潔感のある短髪で、まるで一流ホテルマンのようや。ここではリーゼントのワシだけが完全に浮いていた。

そうこうしていたら管理官という偉い人が現れて、「キサマ、そんな恰好《かっこう》で辞令を受け取る気か！　着替えてこいっ！」と怒鳴られた。

仕方がないから警視庁の売店で白のワイシャツを買い、ワシと同じ背格好の捜査第一課員に「スンマセン、この恰好じゃ辞令を受け取れないと偉い人に言われたので、スーツを貸してください」と頼み込んだ。他人のスーツを着たワシはようやく辞令を受け取った。

ベッドは畳、布団は道着

当時の東京は重大事件が多く、特別捜査本部が15は立ち上がっていた。

たとえば港区の赤坂警察署の管内で事件が起きて特捜本部が設置されたら、そこを拠点にして捜査に参加する。特に事件発生から最初の1か月は朝から晩まで集中的に初動捜査をするので、東京での住まいである官舎に帰れないことがしょっちゅうだった。

ワシは辞令を受け取った初日から、品川区の大井警察署管内で発生した誘拐事件の特捜本部に回された。右も左もわからんなかで仕事をしていたら、あっという間に夜の12時を回ってしまった。もう電車はないだろうと思っていると、特殊班の班長が冷蔵庫からビールを取り出して、「ハイ、今日はお疲れさん。明日も頼むよ」とワシに手渡してくれた。周りを見ると、20人くらいの刑事がビールで喉《のど》を潤《うるお》していた。

帰り支度《じたく》をする捜査員は1人もいない。これはどうしたものかと様子を見ていると、所轄の若い巡査部長が「秋山さん、こちらにお願いします」とワシを道場に案内した。そこにはびっしりと布団が敷かれていて、大勢の捜査員がイビキをかき、屁《へ》をたれながら寝ていた。捜査員たちは、ここに寝泊まりしていたのだった。

しかし柔道場も剣道場もギュウギュウ詰めでワシが寝るスペースがない。しばらくして「あっ、あそこ空いています」と巡査部長が指差すほうを見ると、道場の隅に何枚か積み重ねられている畳の上だけがぽっかりと開いていた。

「あそこで寝るしかないか。ところで布団はどこでっか」と巡査部長に聞いたら、「すみません、布団はもうなくなってしまいました」と申し訳なさそうに言われた。

仕方がないからパジャマも着替えもない状態で畳の上に寝転んだ。まだ4月の頭だったので、夜が更《ふ》けるとだんだん寒くなってきた。周りを見回すと、道場の壁に所轄署員の柔道着や剣道着が干されていた。それを手にしてクンクンと臭いを嗅ぎ、比較的、汗臭くないものを選んで掛布団代わりにした。

それが警視庁捜査第一課初日の夜だった。

人気女子アナを「ぶっ殺す」

ようやく警視庁の仕事にも慣れてきた頃、ある人気女性アナウンサーの父親が所轄署に相談に来た。

その女性アナウンサーが結婚を発表した後、熱狂的なファンから「婚約者と別れて自分と付き合ってくれ」「○○さんのブルマ姿が見たい」などと書かれた手紙が届くようになった。その後、「ぶっ殺すぞ」と脅迫する電話が数十回にわたってかかってきたという。

特殊班のベテラン刑事から、「秋ちゃん、電話の逆探知から犯人を現行犯逮捕するから、やってみるか」とワシに声がかかった。田舎の警察ではあまり経験できないような事件なので、「ぜひやらせてください」と即答し、ベテラン刑事から捜査手法の手ほどきを受けて、当日は早朝から某駅前で張り込みを開始した。

ワシが凝視《ぎょうし》していたのは、駅前にある公衆電話ボックスだった。実は前日に被害者宅に架電《かでん》があり、逆探知の結果、その公衆電話から電話がかけられていたことがわかっていた。そこで先輩刑事が被害者宅で犯人からの電話を待ち、ワシが電話ボックスを監視する役割となったのだった。

息を潜めて待っていると、ワシの無線に先輩刑事の声が届いた。

「入電、入電、架電場所は某駅前の電話ボックス。秋ちゃん、頼むよ」

一気に緊張感が張り詰めるなか、ワシの目線の先には、電話ボックスで受話器を握っている20代とおぼしき男性の姿があった。同時にワシの耳には、無線を通して「アンタの娘、離婚させなかったら殺してやる」と脅迫する犯人の声が聞こえていた。

いままさに電話をかけている男の唇の動きと、無線から聞こえる犯人の言葉が一致した。コイツに間違いない——そう確信したワシは電話ボックスに突入して、架電中の男の右腕をつかみ、電話の相手方を確認した。

「もしもし、警視庁捜査第一課の秋山です。〇〇さんのお母さんですね。安心してください。犯人は確保しました」

受話器の向こうからは、女性アナウンサーの母親の「ありがとうございます」という声が聞こえた。

その瞬間、男がワシの手を振りほどこうと暴れ出したので、エイヤッと一本背負いで投げ飛ばし、パーンと両手首に手錠をかけて現行犯逮捕した。一丁《いっちょう》上がりや。

被疑者を車で署に連行中、「お前、他にも同じようなことをやっとるな」と聞くと、男は即座に「ゆうきなえ」と応えた。すると運転をしていた初老の刑事が「あ？『言う気ない』だと！お前、まだ反省しとらんな！どういうつもりだ！」と怒鳴りつけて、車内がシーンと微妙な空気に包まれた。この時、男は「言う気ない」ではなく、女優の「裕木《ゆうき》奈江《なえ》」と答えたんや。

男の自宅を捜索すると、壁一面に女性アナウンサーのポスターが張られていた。裕木奈江さんの事件は立証できなかったが、男が別の女性アナウンサーを同じように脅迫していた事実が判明した。

当時はまだストーカー規制法がなかったが、男を恐喝未遂容疑で逮捕、脅迫罪で起訴した。誰もが知っている人気アナウンサーを狙った事件を捜査できたのも、東京での大きな経験となった。

トカゲとの連係プレー

「貴社の製品に劇薬物を混入した。口座に総額4000万円を振りこめ」

警視庁に出向して1か月ほど経った頃、カップラーメンに毒を入れたと大手食品会社を恐喝する事件が起きた。電話の逆探知から割り出した被疑者を尾行することになり、ワシもその一員として捜査に加わった。

すると被疑者が新宿駅からサッと地下鉄に乗車した。一緒に追いかけていた警視庁の先輩刑事は離れて尾行していたので間に合わず、近くを尾行していたワシだけが電車に乗った。「秋山、頼んだぞ。目を離さずに被疑者の家を割り出せ」と即座に無線で命じられた。

だが、こっちは先日上京したばかり。東京は徳島とは比べ物にならないほど人が多い。地下鉄や電車の路線数もケタ違いで、何がどの線かサッパリわからん。いまいるのがどこかもわからないうちに被疑者が電車を降りたので「被疑者、駅に降りました」と伝えた。

「どこの駅か」と聞かれたので慌てて周りを見渡したワシは「赤丸の線です」と答えた（後に地下鉄丸ノ内線と知った）。

無線の応答は「何が赤丸だ、バカヤロー！」という怒鳴り声だった。もう一度キョロキョロとあたりを見回すと、駅の看板が見つかった。「あ、中野坂上《なかのさかうえ》って書いてあります」「中野坂上の何口だ」「いや、わかりません」「バカヤロー！」。こんなやり取りが続いた。まるで小さな子供の「初めてのおつかい」のようだ。

そのうちに被疑者が街を歩き出した。今度は怒られないよう、ワシは現在地を確認しながら歩いていた。目ぼしいビルの名前を伝えれば、さすがにわかるやろ。自信を持って「いま、○○生命ビルの前を歩行中です」と無線で告げると、またしても怒鳴られた。「○○生命ビルはあちこちにあるんだよ！」

徳島市内であれば、大きな生命保険会社のビルと伝えればすぐにわかるが、東京では通用しない。そこでワシは、電柱の住所表示を逐一《ちくいち》報告することにした。ビルの看板より、こちらのほうがよさそうだ。電柱に掲示された番地を報告すると、すぐに「トカゲ」と呼ばれるオートバイの隊員が現れ、「あとは任せてください」――

誘拐事件の張り込みなども担当する「トカゲ」班は極めて優秀で検挙率が高い。ワシが住所を無線で報告してからものの数分で現場に現れ、直ちに被疑者の尾行を開始したのだから、さすが警視庁は大したもんや。この事件では、のちに35歳男性が恐喝未遂容疑で逮捕された。その裏に、ワシの懸命な尾行があったことはあまり知られていない。

警視庁のスパイダーマン

警視庁でワシが所属した捜査第一課は、殺人、強盗、放火といった凶悪事件のほか、身代金目的誘拐事件や人質立てこもり事件の対応に当たる特殊部隊、SIT（警視庁捜査第一課特殊犯捜査班）を有している。SITは全国の警察の捜査一課にも配備されているが、日本の首都である東京を守る警視庁SITの実力には脱帽した。

立てこもり事件では、犯人が拳銃と刃物のどちらを所持しているかにより、現場における捜査員の対処法や防護服が異なってくる。そのため捜査員は、対拳銃、対刃物の訓練を繰り返し行うが、人質の生命に直結するため絶対に失敗は許されない。

警視庁SITには、銀行やオフィスビルの事務所などを想定した秘密の訓練場があった。

ワシが初めて参加した時は、7階建てビルの5階にある事務所に、拳銃を持った犯人が女性従業員を人質にして立てこもる、という想定だった。

どんな訓練をするんかいなと思って見ていると、屋上にいた3人のSIT捜査員が頭を地面に向け、スルスルとロープで降下してきた。な、なんや。まるでスパイダーマンやないか！　そして捜査員は人質がいる5階の窓際に逆さまのままピタッと停止すると、そのままの姿勢で窓越しに銃を何発か発砲して、あっという間に立てこもり犯を制圧した。

発砲後に5階の疑似現場に駆け込むと、犯人に見立てた人形の鼻根《びこん》部分に5発の銃弾が命中していた。逆さまにぶら下がった状態で的に命中させるなんて、この人たちは何者なんや？　ワシはその光景に口をあんぐりするほかなかった。とてもではないが、「ワシにもやらせてくれ」と言えるはずがない。

ちなみにSITと似ている警察の部隊にSAT（特殊急襲部隊）がある。こちらは警視庁の警備部などに編成される特殊部隊で、テロ事件やハイジャック事件などの制圧を主な任務とする。警視庁のSITには、元SATのメンバーも多く含まれているようだった。

命がけで日本の首都を守るために日頃からどれほどの鍛錬を積んでいるのかと考えると、

本当に頭が下がる思いや。

「アポとってから来てください」

女性アナウンサーへの恐喝未遂容疑で犯人を逮捕して、大手食品会社恐喝事件でも捜査に貢献《こうけん》できた。

すると管理官は「秋ちゃん、いいね～」と上機嫌になり、「もう一つ頼みがある」と口にした。

それが英国人女性、ルーシー・ブラックマンさん殺害事件の捜査だった。元英国航空客室乗務員で、六本木のバーでホステスとして働いていたルーシーさんが突如失踪《しっそう》したこの事件はマスコミでも大々的に報じられ、日本中が注目していた。

ワシは特別捜査本部の専従員として電話捜査に専従するよう命じられたが、その班にいたのはワシひとり。何をすればいいんじゃと戸惑っていると管理官がささやいた。

「秋ちゃん、この事件は男の被疑者が浮上している。この男は携帯電話を数十台購入しているが、ガサ入れしたら4台が行方不明になっていた。そのなかに、犯行に使った携帯が必ずあるはずだ。これをひとりで捜査してくれ」

そこでワシは、まずすべての携帯電話の製造番号を調べようと、被疑者が携帯を購入した新宿西口の家電量販店に向かった。田舎の電気屋ならすぐに話を聞けるが、東京では警察手帳を見せても「あー、忙しいからいま無理です。アポイントをとってからお越しください」と言われる始末。やはり東京は一筋縄ではいかんな……と思い知らされた。

そこでめげるわけにもいかず、ひとり黙々と捜査を進めた。量販店にもアポを取って再訪し、被疑者に販売した数十台の携帯電話の伝票とレシートをしらみつぶしに当たった。

その結果、ガサ入れで見つからなかった4台の携帯電話の製造番号がわかった。さらに発信記録をすべて調べると、ひとつの携帯からある番号にかけられていたことがわかった。それはルーシーさんの住んでいたアパートの呼び出し電話と、彼女の友人の携帯電話だった。

これは大きな証拠になるはずや。2～3週間ほど夜を徹してその事実を突き止め、捜査報告書にまとめると、当時の担当検事から「報告書を読ませてもらったが、いい証拠になる」とお褒めの電話をいただいた。

ヒエラルキー

前述の通り、ワインレッドのシャツにダブルのスーツ、花柄ネクタイ、そしてリーゼントで警視庁に出向した時は、辞令をもらう前に「キサマ、その恰好はなんだ!」といきなり怒鳴られて、さんざんな目に遭った。

毎月発行される「捜査一課だより」という会報の4月版が回ってきたのでチラッと見たら、「捜査員として相応《ふさわ》しくない、ふしだらな恰好をした出向者が現れた」と書かれていた。丸ノ内線を知らなかった時も田舎者扱いされて、「徳島には馬車でも走っているのかい」とからかわれた。

そもそも捜査第一課は警視庁の花形や。捜査第一課のメンバーだけが着用する赤色のバッジは「S1Sバッジ」という。Sは「捜査(Search)」、1は「一課」、Sは「選ばれた(Select)」。つまり、「選ばれた捜査第一課の刑事」という意味がある。殺人、強盗、誘拐、人質立てこもり、放火、性犯罪などの凶悪事件を担当するスペシャリストだけがつけられるのがS1Sバッジだった。

田舎の警察も捜査第一課は花形だが、警視庁の場合は特に顕著《けんちょ》で、「一課さまさま、機動捜査隊の野郎、所轄の～」といった組織のヒエラルキーを示す比喩《ひゆ》表現があるほどだ。

警察には、所轄で優秀な警察官が機動捜査隊に引っ張られ、そこで結果を出してようやく捜査第一課に入れるというレールが存在する。そんなエリートコースに、徳島の田舎から変なリーゼント頭の刑事がやって来たことへの反発もあったかもしれん。

しかし、ワシにも意地があった。このままでは徳島県警の名に泥を塗ってしまうと奮闘して、いくつかの事件で爪跡を残すことができた。最初は戸惑いもあったが3か月も経つとだんだんと東京の水にも慣れてきて、その他の事件でも自分の実力を発揮することができた。

すると徐々に一課のメンバーからも「秋山は見た目こそアレだけど、仕事はできるな」と認められるようになった。

ある晩、管理官から「秋ちゃん、いま何している？　暇ならウチに来てくれ」と声がかかった。近くにある管理官の官舎を訪れると、奥さんの手料理を振る舞ってもらえた。単身で上京しているワシには本当にありがたく、嬉しかった。

警視庁捜査第一課の管理官は重大な事件が発生すると現場に臨場《りんじょう》し、所轄に設置された特別捜査本部で陣頭指揮を執《と》る。通常、警視庁の課長クラスには国家公務員Ⅰ種試験に受かったキャリアが就くが、捜査第一課管理官のほとんどがノンキャリアだ。現場経験を積んだ叩き上げでなければ務まらないということだろう。

その管理官にごっつい好かれたもんだから、ワシも鼻高々や。最初の3か月は激務と心労で体重が5キロ減ってげっそりしていたが、管理官に認められてからはダブルのスーツに花柄ネクタイも黙認されるようになった。特殊班のイスに深々と腰をかけると、若手捜査員が「秋山さん、どうぞ」とコーヒーを出してくれるようになった。入りたての頃は同僚に「おい、徳島!」と呼ばれていたが、エライ変わりようや。それほど実力がものを言う世界であることを示していた。

日比谷線脱線事故の取り調べ

ワシが出向する直前の00年3月、営団地下鉄日比谷線で脱線衝突事故が起きていた。中目黒駅の手前で列車が脱線して通学中の高校生を含む5人が死亡、63名が負傷する大事故だった。

徳島でこの事故を知ったワシは「とんでもない事故やな……」と驚き胸を痛めたが、まさか自分が捜査に携わることになるとは思いもよらんかった。

事故直後から専従捜査員による地道な捜査が始まり、その年の12月に入るといよいよ保線責任者の取り調べが始まった。

「ハイ、秋ちゃん、取り調べ頼んだよ」

管理官からそう言われたものの、ワシは鉄道事故の捜査などしたことがなく、専門的な知識は持ち合わせていなかった。大任を誇らしく思うと同時に、大きな不安とプレッシャーがのしかかってきた。

「秋ちゃん、鉄道事故の取り調べは大変やな」——労いとも脅しとも受け取れる先輩刑事たちの声を聞きながら、ワシは大量にある捜査書類を読み始めた。

書類棚の端から端まで埋め尽くす捜査書類に悪戦苦闘していると、ひとりの先輩刑事から「秋山、これを貸してやるから読んどけ」と、要点の詰まった書類ファイルを手渡された。実にありがたかった。ワシは保線責任者のどういうところに過失があったと考えられ、不注意があったと疑われるのかを頭のなかに叩き込んだ。

過失の取り調べのポイントは、当事者がミスを自覚しているかどうか、それを認めるかどうかというところにあるんや。これは本当に難しい作業だが、事故が起きるかもしれないという「予見《よけん》」を持っていれば、ミスを認めたことと同じ意味を持つ。

いざ取調室のなかに入ったら、相手と正面から向き合うしかない。ワシはこれまで通り、自分の人生を語りながら相手の話を聞き取る方法を押し通した。そのうえで「何で、あそこで脱線したのでしょうね」と尋ねると、責任者は事故の数か月前、電車が脱線した場所の点検資料で、レールの軌道に狂いが確認されていたことなどを少しずつ語り始めた。

重たい電車が1日に何往復もしたら、線路には徐々にゆがみが生じてくる。毎日点検していたが、カーブの部分にわずかな沈み込みがあった。しかし、その他にも異常な個所が複数あったから、そちらを優先した。すると、後回しにしたカーブで電車が脱線して、対向の電車と側面衝突した——保線責任者はそんな内容を供述した。

「なるほど。であれば、それはあなたの不注意になりますよ」

「そうかもしれません。本当に申し訳ありませんでした……」

責任者は過失を素直に認め、謝罪した。そのやり取りをワシはすぐ調書にした。

その日の取り調べを終えると、管理官からはまたも「おお、よくやった！　今日も官舎に来い」と労いの言葉をかけてもらえた。

日航機長と向き合う

01年1月には駿河湾上空で日本航空機同士のニアミス事故が発生した。

大きな事故の当事者だから、特殊班のなかでも飛行機の事故や医療過誤などの事件で経験を積んだ過失のプロが担当するんやろうな――そんなことを考えながら机でコーヒーを啜《すす》っていると、管理官と目が合った。〝もしかして……〟という予感は的中した。

「よう、機長の取り調べ、秋ちゃんな」

コーヒーを噴《ふ》き出しそうになった。

「ちょっと待ってください。ワシ、3月末には徳島に帰らなアカンのですよ」

それでも、管理官は譲らなかった。全力で取り調べに向き合うワシの姿勢と能力を評価してもらえたのは嬉しかったが、責任は重大やった。専門的な知識も猛勉強せなアカン。

周囲の視線も気になった。過失のプロであるベテラン捜査員たちが、口には出さないものの「何でまた秋山なんや」「あいつで過失のロジックを詰め切れるのか」――と言いたげな表情でワシを見ているような気がした。針《はり》のむしろに置かれた心持ちだった。

しかもこの機長が衝突を回避し、多くの乗客の命を救ったことは紛《まぎ》れもない事実である。けが人が出たから業務上過失致傷の容疑がかけられたが、本人からしたら「自分のどこが悪いのか」となるのは当然だ。

地下鉄脱線事故と同様、機長が「予見可能性」を自覚するかがポイントになる。取り調べに大いにやりがいを感じるワシだが、これほど大変な土俵はなかった。

この時は機長組合の要求により、任意の事情聴取ができる日時が指定された。時間が限られるなかで、大型旅客機の機長を務めるほどのエリートが自身のプライドを捨て「ハイ、その通りです」と素直に認めるだろうか。とても一筋縄ではいかなそうだ。

迎えた取り調べの日、機長はリーゼントのワシを見て訝しげな表情を浮かべていたが、ワシは最初に身振り手振りを交えてこう言った。

「すみません。田舎の徳島県警の捜査一課から東京研修に来て、3月には徳島に帰ります。

ワシは飛行機のプロではありませんが、取り調べのプロではあります。今日は刑法211条の予見可能性についてお尋ねします」

自分の土俵の上で戦う姿勢を貫いた。

「機長のおかげで乗客が助かったと言いますが、ケガをした人もいるんです。あなたの操縦でそうした結果になったので、あなたにも不注意が認められると考えています。ニアミスが起きる前、何か変だとは感じなかったのですか」

そんなふうに始まった取り調べでは機長から、ニアミス前に相手の機体が見えた時に副操縦士と交わした会話内容などを聞き出し、そのなかで予見可能性について認めたやり取りをもとに取調調書を作成した。この調書も大いに評価された。

この事件を最後に、ワシは1年間の出向を終えて、徳島に帰った。

わずか1年ではあったが、警視庁では全国的に注目される事件の捜査に何度も携わり、事件の全容解明のために様々な分野について勉強した。ホンマに貴重な体験やったと思う。徳島に戻ってから「おい、小池！」の事件をはじめ、何人もの凶悪犯を追うなかでも、警視庁での経験が有意義だったと感じたことは何度もある。

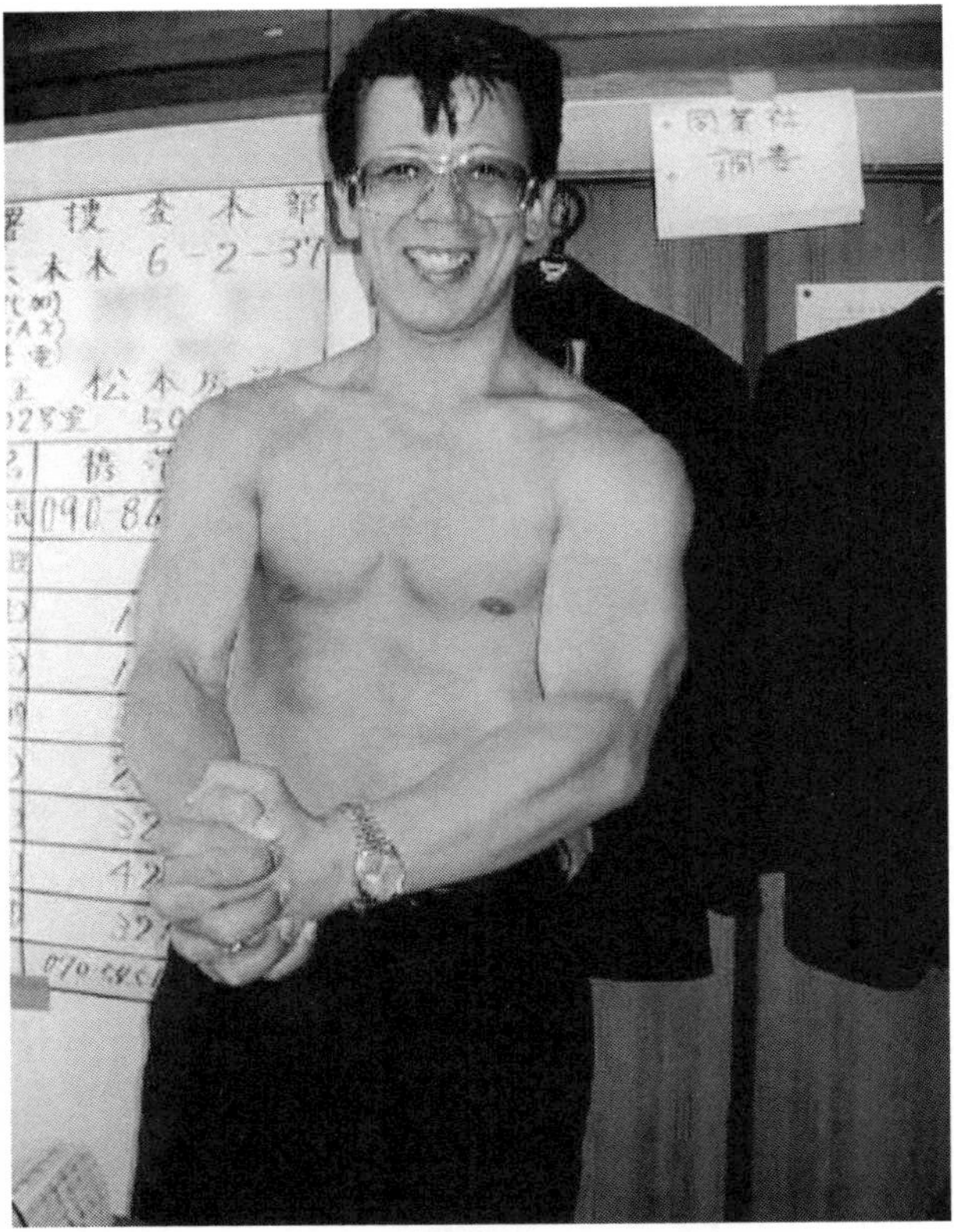

警視庁に出向し、官舎に帰れず署での泊
まり込みが日常となっていた頃の筆者

第九章

リーゼント刑事、上司になる

23歳の時に憧れの刑事となったワシは、ガムシャラに突っ走り、警視庁出向や小池事件をはじめとする数々のヤマを経験した。巡査、巡査部長、警部補、警部と階級が上がるとともに部下が増えて、上司として捜査を指揮することも多くなった。階級が上がって嬉しかったことは、部下の成長を目の当たりにできたことや。

2004年に警部に昇進したワシは、徳島市の西方にある石井警察署の刑事課長になった。署員30名ほどの小さな署で、刑事課は6人体制という少数精鋭だった。

ある日、管内で車上狙い事件が発生した。部下が的確な捜査をして被疑者を特定し、すぐに逮捕状を取って指名手配した。当時、小池はまだ逃亡中だったのでワシは小池事件の二の舞はしてはならないと心に誓った。捜査は刑事3年目のN刑事と刑事1年目のA刑事のコンビに任せた。N刑事には、後輩に捜査を教えるノウハウも身につけてほしかった。

2人は悪戦苦闘しながらも捜査を重ねて、被疑者があるビジネスホテルに宿泊していることを突き止めた。被疑者は元ヤクザで、他人名義の車を利用してホテルに潜伏していた。

張り込みを開始すると、やがて駐車場の車に被疑者が乗り込むのを確認。すぐさま2人が車に駆け寄った。運転席のドアを開け、本人確認をして逮捕状を突きつける。すると被疑者は逃げようと暴れ出した。すかさずN刑事が男を取り押さえ、手首をひねり上げた。

通常ならここでN刑事が手錠をかけて一件落着や。だがこの時、彼は自分の手錠をA刑事に手渡してこう言った。

「お前が逮捕せぇ！」

新人のA刑事には、まだ被疑者を逮捕した経験がなかった。刑事は被疑者に「ワッパを打つ（手錠をはめる）」ことで自信を深め、刑事としての経験を積んでいくが、N刑事は後輩を優先した。後輩思いの刑事愛にワシはしびれた。

A刑事はこの逮捕劇がいい経験となり、その後どんどん悪いやつを逮捕するようになった。N刑事にもらった自信が彼を成長させたのだった。

鳴門海峡に浮かんだ胴体

「キャップ、海に胴体だけ浮いています」

09年、県警本部捜査第一課の強行犯補佐だった時のことだ。鳴門海峡の海面に胴体が浮いているのが見つかった。それまでいろんな事件を乗り切ったワシだが、このバラバラ殺人事件には頭を悩ませた。

何より難しかったのが、遺体の遺棄現場と発見現場が異なることや。見つかった場所の周辺でどれだけ聞き込みをしても有力情報が得られないので、どこで遺体が捨てられたかを確定する必要があった。潮の流れを把握するため、近場の漁師や徳島大学の海洋専門家のところに捜査員を派遣して聞き込みを進めた。

10日ほど経つと、ＤＮＡ捜査により遺体の身元が割れた。被害者は大阪府の八尾《やお》市に住む30代男性。強制わいせつの前科があったので、ワシはすぐに部下の捜査員4名を引き連れて八尾の自宅周辺を内偵捜査した。

男はトラックの運転手をしている父親と2人暮らしということがわかった。男は父親に暴力をふるっており、父親は周囲に悩みを打ち明けていたという。さらに聞き込みを進めると、男に恨みを抱いている人間は見当たらず、状況証拠から父親が犯人である疑いが濃厚になった。

徹夜の捜査を終えたワシは捜査本部に連絡して、「たぶん、親父が犯人ですわ。まだ物的証拠がないから、捜査方針を固めてからガサ状を取れるように態勢を整えます。親父一本に絞って捜査を進めましょう」と報告した。

気がついたら明け方だった。一度鳴門に戻ろうとしたが、何やら胸騒ぎがした。

その時、ワシの脳裏をよぎったのは小池だった。あの時、自宅マンションの前で三脚を構えた新聞記者を見て、小池は「これはヤバい」と逃亡した。苦い経験を思い出し、車を運転する部下に「ちょっと気になることがあるけん、コンビニに寄ってくれや」と言った。

コンビニに駆け込んで新聞を広げると、こんな記事が目に入った。

〈鳴門海峡に浮いた胴体の死者　身元判明　大阪府八尾市の○○○○〉

悪い予感が的中した。もし被害者の親父がこの記事を見たら、小池のように逃亡する可能性が高い。意を決したワシは捜査本部に連絡して、「このままでは小池の二の舞になります。これから親父を職務質問して、犯行を自白させます」と告げた。

しかしワシのやり方では、父親が犯行を認めなかったら大変な問題になる。捜査本部の上層部は「アホ、そんな危ないことはやめろ。ちゃんと態勢を整えてから行動確認して、証拠を押さえてから逮捕するんや」と猛反対した。確かに捜査のセオリーからすればワシのやり方は絶対にありえないものだった。

だが、電話を引き継いだ別の幹部は、静かにこう言った。

「秋山キャップに任せる。そやけど、絶対にウタわせてほしい」

この幹部はワシが巡査時代から力量を買ってくれていた。だから「危ない橋を渡ってでもお前に任せる」と言ってくれたんや。意気に感じたワシは、絶対にウタわせてやると心に誓った。内偵捜査で、父親がトラック運転手の詰め所に戻って来る時間はわかっていた。

現場に急行したワシは、職務質問のシミュレーションをしながら父親の戻りを待った。

朝9時ちょうど、内偵捜査の通り、父親が大型トラックを運転して戻ってきた。父親はトラックから降りるとそのまま駐車場の奥に歩を進め、立ち小便を始めた。

「いまや！」ワシは父親に駆け寄って、「徳島県警の秋山です」と告げた。

「鳴門海峡に○○○○君の胴体だけが浮いとりました。ワシは一日も早く両手足も頭も揃えて成仏《じょうぶつ》させてやりたいんです」

矢継《やつ》ぎ早《ばや》にこう語りかけると、父親がガタガタ震え始めた。ワシは心のなかで「来た、来た……」と思いながら、父親の目を見てこう言った。

「ひとつだけ教えてくれ。遺体はどこから捨てたんや」

震えの止まらない父親は、蚊《か》の鳴くような声でこう答えた。

「鳴門……大鳴門橋から捨てました」

これで自白完了や。その先は完オチした父親がワシの問うままに、殺害方法と殺害に使用した凶器をすべて明かした。「ウタいました」――本部に報告を入れたワシは、父親を八尾警察署に連行して正式に取り調べを行った。

バラバラ殺人の被疑者を職務質問で自白させたのは、後にも先にもワシくらいや。捜査本部からしたら絶対に御法度《ごはっと》なやり方だし、上層部の多くが反対した。しかし小池事件を経験したワシは、ここでウタわせなかったら逃げられるとの気持ちが強かった。

こうした聴取はタイミングが重要や。長い仕事から戻り、ホッと一息ついて立ち小便をしているところを不意に声がけされ、父親は激しく動揺した。しかも警察はすべての証拠を握っているようだ――頭が真っ白になった父親に、ワシは「ひとつだけ教えてくれ」と最後の一押しをした。タイミングを見誤らず、そして自信を持って一気呵成《いっきかせい》にたたみかける「秋山流」の聴取術で、事件はわずか数日でスピード解決した。

警部昇進でわかったこと

鳴門海峡バラバラ殺人事件では一発勝負で被疑者をウタわせたワシだが、一方で捜査方法については徐々に堅実さを求めるようになっていった。

小池の事件の時、まだ若かったワシは小池の逮捕状を請求するだけの証拠が揃っていなかった段階で、ガサ入れをすることを主張した。親子を殺害後、灯油で遺体を燃やした証拠が家か車に残っているだろうし、息子を殺したのは自宅と考えられたので、ガサ入れすれば血痕などの証拠が見つかると踏んでいた。

しかし当時の上層部には「もっと証拠を固めろ」との捜査方針があり、ガサ入れされる前に小池は逃亡した。小池逃亡の一報を聞いたワシが激怒してイスを蹴り上げたのは、ガサ入れを認めない捜査方針へのイラ立ちからやった。

だが年月が経過して階級が上がるとともに、当時のワシの考えが浅はかだったと思うようになった。「ガサ入れすれば証拠が見つかる」というのは自分の勝手な思い込みであり、証拠が処分されていたらアウトだった。証拠のないまま任意の取り調べをして犯行を否認されたら、次回の呼び出しからは「証拠はあるのか」と相手を優位に立たせることになる。若い頃はガサ入れして取り調べさえすれば、証拠も見つかるし自白もさせられると安易に考えていたが、自分が責任ある立場になると、有罪を取れるまでの証拠を見つけることがどれほど大事なことなのか、身に染みてわかるようになったんや。

そうしたことを学んだワシは、それまで以上に客観的な証拠を探すことを徹底するようになった。１００点満点の証拠を見つける捜査をするようになると、検察官から「秋山さんの捜査なら大丈夫や」と言われた。

徹底した捜査をするために大切なことは、従来の捜査方法を踏襲《とうしゅう》するだけではなく、新たな捜査手法を見つけることや。ワシは刑事としての経験を積むとともに、自分の頭で考え抜いて、いろいろな証拠の見つけ方を編み出すようになっていった。

牛肉と殺人事件

殺人及び殺人未遂事件を立件するためには、殺意の認定が重要なカギとなる。ワシが捜査一課補佐になった頃には「裁判員裁判」が始まっており、どのようにすれば一般の裁判員が殺意の有無を判断できるか必死に考えた。そこで積極的に取り入れたのが「再現実験」だ。

男性が女性を刺し殺したあるＤＶ殺人事件でも殺意が問題となった。刃物で何十か所も刺して刃こぼれまでしていたが、被疑者は殺意を否認した。

そこでワシは食肉処理場に行って、アバラのついたでっかい牛の胴体の肉を買ってきた。さらに被疑者が使ったのと同じ刃物を用意して、被疑者の供述通りに刃物をアバラ肉に突き刺した。すると、刃物が肉のなかにずぼっと入り刃こぼれした。この時の実況見分の模様は動画と写真で記録され、裁判で被疑者の殺意を認定する有力な資料となった。

再現実験が終わった後、残った肉の塊の処分について署長に提言した。「署長、この肉は今日中に食べないとあきません。今晩署長官舎で、一杯どうですか」「そうやな。もったいないからな。食べないと仕方ないな」。そのやり取りを聞いた副署長は冷静にこう言った。

「あきません。肉は税金で購入したものです。ましてや、殺人事件の検証で使った肉で焼肉パーティをしたことが世間に知られれば『警察は何を考えとるんや。税金泥棒や！』と袋叩きに遭います」

副署長のおっしゃる通りで……。

別のDV傷害致死事件でも再現実験を行った。夫の暴力によって倒れた妻の頭をサッカーボールのように蹴り、脳内出血で死亡した事件だった。

傷害致死容疑で緊急逮捕した夫が全面自供したので、被疑者同席でダミー人形を用意して再現実験を行った。ワシがダミーの頭をポーンと蹴って「このくらいの強さか」と聞くと被疑者が「いや、もっと強くです」と言った。

夫に蹴り殺された妻の気持ちを考えるといても立ってもいられず、思わず力を込めてバッコーン！　と思い切り蹴飛ばしたら、ダミーの首がもげて飛んで行った。

部下たちは「やっぱり秋山課長にやらせるんじゃなかった……」と頭を抱えていた。

スマホで解決する時代

時代とともに捜査のやり方が変わったことを痛感した事件もあった。

ある時、徳島県内で2人組の女性がSNSで知り合った男を言葉巧みにホテルに誘い、スキを見て財布を奪う窃盗事件が発生した。県内では同様の事件が20件ほど連続して発生していたので、同一グループによる犯行と推測された。複数の被害男性に似顔絵を描かせると、犯人の特徴はすべて同じ。ワシらは「コイツらや！」と色めき立った。

すぐにベテラン刑事のコンビが似顔絵を頭に叩き込み、靴の底がすり減るまで街中を探し回ったが、1週間経っても犯人を見つけられなかった。

捜査が行き詰まるなか、警察学校を出たばかりの新米警察官が「秋山課長、犯人コイツらとちゃいますか」とワシにスマホの画面を見せた。

何を言い出すんやと訝しんで画面を見ると、似顔絵通りの女性2人が笑顔でポーズする姿が写っていた。本人たちがSNSに投稿したものだった。

「お前、ビンゴやないか！」

SNSの情報から被疑者の身元はすぐに割れ、内偵捜査の後に御用となった。

新米が言うには、似顔絵からツイッターやフェイスブック、インスタグラムなどのSNSをたどり、被疑者らしき女性の写真を発見したとのこと。ベテラン刑事が汗水流して尻尾がつかめなかった犯人を、素人同然の新米刑事が机に向かったまま、あっという間に特定したのだ。

昔ながらの足を使う捜査も刑事には絶対必要だが、若い子のやり方に学ぶ点もある。地を這う捜査とＩＣＴ（情報通信技術）がうまく融合すれば、検挙率はさらに上がるはずや。

警察官の個人面接

階級が上がるにつれて、部下との接し方にも気を遣うようになった。

ワシらが新米の頃は上司の厳しい指導は当たり前で、何かにつけて鉄拳制裁《てっけんせいさい》、いや愛の鞭《むち》を食らうことがしょっちゅうあった。

ワシ自身、若い頃は下の者に厳しい説教をしていたこともある。思うように捜査が進まない時は「このアホンダラ！」と部下を叱ったこともあった。

しかし、刑事として時間を過ごすとともに時代が変わって、厳しい指導や叱責《しっせき》がパワハラと言われるようになった。それとともに、「いまの若い子は背中で悟《さと》らせるよりも、丁寧に指導し、褒めて伸ばすほうが効果的」だと気づいたんや。

年をとってすっかり丸くなったワシだが、徳島東警察署の刑事課長になってからは、毎年、人事異動のタイミングで行われる警察官の個人面接を担当していた。

面接には警察官の不祥事を未然に防ぐ目的がある。個人のプライバシーに踏み込むのはいささか気が引けたが、警察官が何らかの不安事、問題を抱えていたら市民の安全を守ることなどできない。心を鬼にして、ひとりひとり厳しくチェックした。

家族構成、子供の通う学校、趣味、小遣い、飲酒量、住宅ローンの残額と返済額などなど――独身者には、交際相手がどこに住むどのような人物か確認することもあった。

特に入念なチェックが必要なのは経済状況だった。カネに困っている者は事件を起こす可能性が増すからだ。

余談だが、ワシの若い頃は警察官が派手な高級車に乗ることが憚《はばか》られる空気があった。内部調査で高級車の所有が判明すると「生意気だ」と次の人事異動で過疎地に飛ばされることもあった。今と比べると、プライベートの自由も制限されるエライ時代やった。

失敗談でやる気にさせる

徳島東署の刑事課長時代は30人ほどの部下がおったが、ワシはそのひとりひとりの家族構成を把握して、部下とその奥さんの誕生日、夫婦の結婚記念日をメモしていた。

それをもとに、「オウ、お前さんは明日、結婚記念日やな。おめでとう。急ぎの仕事がなかったら年休をとって休んでええで」などと、ワシなりの気遣いをしていた。

部下たちは大喜びで、刑事課の士気はどんどん上がっていった。

長い刑事人生のなかでは、このワシも「ああ、いまから出勤するのイヤやな……」と思ったことがあった。パワハラ気質の上司がいる雰囲気の悪い部署だった。

だから部下にはそんな思いをさせたくない。徳島東警察署刑事第一課は、日本一楽しい職場にしようと心がけた。朝起きたら「よっしゃ、今日もやるでぇ」と一日のスタートを切れるような職場にしたかった。

部下が30人いたら、そのうち4〜5人は刑事1年生だ。新米刑事が先輩に怒られる場面もよく目にした。新米くんがヘコんでいる時は、仕事終わりに「オウ、1年生全員集合や」とルーキーだけを集めて飲みに行った。

酒の席では、「ワシも刑事1年生の時はこんなミスをしたんやで」と自身の失敗談を披露した。ネタは豊富なので、新米くんたちは興味津々《しんしん》。宴《うたげ》は大いに盛り上がった。

「ええっ、秋山課長でもそんな失敗したんですか？」

「そうや。それに比べたら、お前ら優秀なんぞ～！」

本来なら数々の武勇伝を披露しドヤ顔をしたいところやが、その10倍はある失敗談のほうが若い子たちの心をつかみやすい。「あのリーゼント刑事だって失敗しているのだから、落ち込むことはない」と前向きな気持ちになれるだろう。

日々の雑談では、捜査の裏話をしながら、聞き込み、張り込み、取り調べのコツなども伝えていった。すると、新米刑事の目が輝いてやる気満々になり、捜査技術が目に見えて向上し始めた。

ワシが警察官になった頃は、上から「お前らは新人類や」と言われて、「最近の若いもんは……」と嘆《なげ》かれた。いま考えると、オッサンたちは若い子の考え方や、やり方についていけず「最近の若いもんは」という常套句《じょうとうく》で逃げていたに過ぎない。

だから、ワシは若い警察官と接する時、なるべく自分から近づくようにした。

「ちょっとフェイスブックについて教えてくれるか？」

「ツイッターって何やの？」

そう若い連中に声をかけて、ITについてもいろいろと教えてもらった。最近の若いやつはこんなので遊んどる……と嘆くのではなく、「オイ、ワシも仲間に入れてくれ」と積極的に話しかけるようにした。

もちろん、若者に近づくことと、若者に迎合することは似て非なるものだが、ワシは部下を家族の一員と思っていた。可愛い部下はワシから見て息子や娘同然だった。

刑事課長として連絡事項を部下にメールで送る際は、「刑事一家のみなさんへ」と、「一課」ではなく「一家」に書き換えた。刑事一課は親父がいてお母さんがいて長男、次男、姉、妹というファミリーなんだということを就任当初からよく言っていた。捜査は確かに個々の能力に頼るところが大きいが、最終的には組織の連携が必要になる。ひとりの捜査員の力だけでは事件は解決できない。メンバー全員が一丸にならなければいかん、という気持ちを常に抱いていた。

実際に刑事部屋では長い時間苦楽をともにするから、家族同然の環境となる。何でも言えて、お互いが助け合える雰囲気でなければならない。一分一秒めまぐるしく変わる事件捜査では、阿吽《あうん》の呼吸が不可欠なんや。

ワシは刑事課長時代、課のメンバーから「親父」と呼ばれていた。そしてこの刑事課長という役職を最後に、ワシの刑事人生にピリオドが打たれることになった。

終章

さらばリーゼント刑事

2013年3月、30年間続けてきた刑事の現場を離れて、管理職である徳島県警察本部通信指令課次長となった。

警察官人生の大半を刑事として生きてきたワシだが、気がつけば、徳島県下で最も長く警部を務めていた。警部の上の階級は警視だが、ワシは現場で下の子たちと一緒に事件捜査をしたかったから、昇進試験を受けなかった。警察人事は順送りで、徳島東署の刑事課長ポストには後輩が赴任《ふにん》することが決まっていた。ワシは管理職にならざるを得なかった。

刑事の現場から離れることは残念だったが、いい部下が育っていい仕事をし始めていた。だからワシは安心して後釜に現場を任せて、管理職になって優秀な警察官の育成に専念しようと気持ちを切り替えたんや。

大きく変わったのは生活スタイルだった。刑事時代は仕事一筋で家庭を顧みず、夏休みさえ取れなかったが、次長になったら朝8時半出勤で夕方の5時半には家に帰れる。しかもカレンダーの青い日と赤い日、つまり土日はまるまる休みになった。刑事時代には考えられないスケジュールだ。

妻も、土日にワシが家にいるという現実に慣れないようで、休みの日にテレビで事件のニュースが流れると、「アンタ、行かんでいいん?」とよく聞いてきた。

管理職になって同年代が集まったら、話題は年金と薬ばかり。でもワシは年金については無知で、薬も一切飲んでいなかった。現場を退《しりぞ》いてからも体調管理を徹底し、20歳の頃から体重が変わっていないことがワシのちょっとした自慢なんや。

次長の職務を簡単に言えば、署長や課長の〝女房役〟として明るい職場づくりを進めるとともに、警察官の不祥事を防止すること。だから大抵の場合、部下に対してあれをするな、これをするなと指導することになりがちや。

しかし、ワシは細かい指導はしなかった。次長は非番や公休日前の警察官に「交通事故には気をつけろ」「スピードを出し過ぎるな」と口酸っぱく言うケースが目立ったが、ワシはそんなマニュアル的なことは一切口にしなかった。

酒を飲んでのトラブルが増える年末になると、「二次会には行くな」「20時を超えて飲むな」という通称「ツーツーの原則」を徹底する方針を県警本部が打ち出した。本部の顔色をうかがい「原則の順守」を部下に命じる次長もいたが、ワシは「何がツーツーの原則や。こんなの任務ちゃうやろ」と一顧《いっこ》だにしなかった。

「だったらワシをクビにせぇ！」

管理職として本部の通信指令課次長となったが、部下は電話を受けることが仕事で、捜査報告書の書き方を知らなかった。そこでワシが報告書のひな型を作ってやった。

2年後に本部の鑑識課次長となり、さらに2年後に本部の地域課次長となった。地域課次長の頃は全国の交番が襲撃される事件が相次ぎ、ワシは徳島県内すべての交番や駐在所を回って、どのように交番襲撃に備えるかを指導した。刺股の使い方も知らない呑気な若手警察官もいたので、逮捕術を大の得意とするワシは各地で実演指導を繰り返した。

ちなみに地域課次長時代は、徳島県内にいる200人ほどの若手警察官と各地の交番で個人面談を行った。若手はワシのことを秋山次長、ではなくリーゼント次長と呼び「リーゼント次長さん、写真撮っていいですか？」とよく聞かれた。

ワシは「管理職に向かって〝リーゼント〟とは何事や！」と怒る狭量《きょうりょう》な人間ではない。もちろん写真撮影にも快く応じた。若手と管理職が気さくに会話できる組織、ええやないか。ワシと記念撮影した若手は、写真を両親に送って自慢するという。ホンマ、可愛いこと言ってくれるのぉ。

そして19年4月、定年を2年後に控えたワシが警察人生の最後に赴任したのが、徳島県警察本部の生活安全環境課、通称「サイバー課」だった。

近年、凶悪犯罪は最も多かった頃の4分の1まで激減する一方、フィッシング詐欺やオレオレ詐欺などの特殊詐欺が激増した。このため全国警察はサイバー犯罪対策に注力するようになり、徳島県警のサイバー課にも、IT企業から転職してきた部下が大勢いた。

彼らは非常に賢く、QRコードをひと目見て「ああ、これはあの事件についてのQRコードですね」と読み解く能力があった。ワシには神業《かみわざ》にしか見えんかった。

そもそもサイバー課に飛び交うコンピューター用語はワシにはチンプンカンプンだった。

「オイ、ちょっとワシにわかりやすく教えてくれや」

「ハイ、わかりやすく言うとですね～」

「ほぉ……なるほどな」

申し訳ないが、サッパリ意味がわからなかった。

一方で、サイバー課の〝転職組〟は経験が浅く、捜査のやり方は素人同然だった。そうした若い子たちに、捜査のいろはを教えるのも管理職としてのワシの仕事だった。

サイバー課の捜査員も、クレジットカードの不正決済事件やフィッシング詐欺事件などの捜査で、被疑者に任意同行を求めることなどがある。そうした時、ワシは現場に顔を出して指導した。捜査員が現場に革靴を履いてきたら、「被疑者が逃げ出した時のことを考えて、運動靴のほうがええな」「それと、用心のため警棒も持っておくべきや」とアドバイスした。ワシ自身、刃物を持った男に襲われた時に警棒を持っていなかった失敗が体に染みついているので、アドバイスにもつい力が入った。

次長として部下を守ったこともあった。ある時、サイバー課の若い捜査員が内偵現場を撮ったデジカメを現場に置き忘れて、それを通行人が見つけて警察に届けたことがあった。すると、県警本部の警務課という内部を取り締まる部署から連絡があり、「とんでもない失態や。新聞に発表して、捜査員を降格にせい」と詰められた。

しかし、捜査員はうっかりカメラを置き忘れただけで、別にそれを悪用されたわけではない。しかもカメラには、捜査にかかわる画像、情報は残されていなかった。若い芽を摘もうとする上層部の態度が頭にきて、ワシはタンカを切った。

「何でそんな重い責任をとらなあかんのや。部下を殺すつもりか。降格にするんやったら、ワシをクビにせぇ！　ワシは定年まであと1～2年やけん、いつでもやめたるわ」

すると警務課の上層部が「秋山がそこまで言うのなら」と矛《ほこ》を収めた。ワシが抵抗しなかったら実際に降格していたかもしれんが、難を逃れたこの捜査員はいまではエリートコースに乗って順調に出世している。偉くなって意地悪な上層部を見返してほしいもんや。

最後の教え

いまの警察の捜査はワシらが若い頃と大きく変わった。ワシが現役の刑事の時、事件が発生すると徹底して地取《じど》り捜査を行い、「アイツとコイツが揉めていた」「あの男には借金があった」など、その土地に根づいた情報をバンバン集めて不審者をあぶりだした。刑事の基本は人から情報を得ること。昔は「靴底がすり減るまで歩いて情報を稼いで来い」と教えられたもんや。

近年、防犯カメラが急速に普及したことで捜査手法が大きく変わってきた。捜査員は、昔に比べて空を見上げることが多くなった。日々、増え続ける防犯カメラがどこに設置されているかを把握するためだ。事件の決定的瞬間を記録していれば確実な証拠を得られるし、全国の「監視網」を活用すれば、容易に逃走中の被疑者の足取りを追うこともできる。21年8月、東京・港区の東京メトロ白金高輪《しろかねたかなわ》駅で男が乗客に硫酸《りゅうさん》をかけ逃走した事件では、駅や街中の防犯カメラ250台の映像を点と線で結ぶ「リレー捜査」が行われた。容疑者は東京から約1500キロ離れた沖縄に逃走したが、事件発生からわずか86時間後に逮捕されている。事件のスピード解決に寄与《きよ》した好例だ。

近い将来、AIやドローンなどを駆使した「ハイテク捜査」が当たり前の時代になるやろうが、忘れてはならないのが、被疑者も被害者も、そして刑事も同じ「人間」ということや。ワシはサイバー課の捜査員に、刑事に必要なのは「洞察力」と「胆力《たんりょく》」そして、最も大事なのは「人間力」であることを繰り返し伝えてきた。

21年の「犯罪白書」によると、この年の再犯者率は過去最悪の49・1%だった。刑法犯で検挙された人間の2人にひとりが再び罪を犯すという異常事態だ。

ワシが「罪を憎んで人を憎まず」をポリシーとするのは、どんな悪人でも必ず人間らしい心を持っとると確信しているからや。犯人をパクって刑務所にぶち込むことだけが刑事の仕事ではない。たとえ被疑者を逮捕して刑務所に入れても、出所して再び犯罪に手を染めれば、新たな被害者が出てしまう。

取調室では事務的に供述を求めるのではなく、互いにひとりの人間として向き合う。そして犯行の動機を解明し、被疑者には罪を犯したことを後悔させ、被害者に対する贖罪《しょくざい》の意識を持たせる——そこで初めて事件が解決したと言えるのではないか。

取り調べの可視化が当たり前になり、窮屈さを感じている刑事もおるかもしれん。だが、こんな世の中だからこそ、自身の人間力を磨き、被疑者と真正面から向き合ってほしい。そうすれば、不幸な事件は必ず減るはずや。それがワシの「リーゼント刑事」としての最後の教えだった。

相棒との別れ

ワシは警察官になってからずっと警察手帳を肌身から離さなかった。休みの日でも呼び出しがあると現場に急行するので、私用で外出する時も常時持ち歩いていたんや。まさにワシの相棒やった。

退職の日が近づき警察手帳を持つのもあとわずかとなった。それまでワシは、刑事は被害者の代理人であることを片時も忘れず、24時間365日、犯人逮捕に全力を傾けてきた。気がついたら、テレビに出て「リーゼント刑事」と呼ばれるようになっていたが、ワシは決して特別な刑事ではなかった。

ひとりひとりの警察官が日々どれほど汗水を流して苦労しているか、ワシは身に染みて知っている。ホンマに警察官の活動には目に見えない苦労がぎょうさんあるんや。

だからこそ、困って助けを求める人がいたら門前払いすることなく、その人の身になって寄り添い、助けてあげてほしい。残念なことに、「いくら困っても警察は動いてくれない」という声をよく耳にするし、ワシが現職の時にも「所轄に行っても動いてくれないから、秋山さん相談に乗ってくれ」ということがあった。

いまの警察は失敗を恐れすぎるあまり、被害を訴える人に対して「これは証拠が足りないから警察は動けん」「事件になってないから相談に乗れない」と言ってしまう。しかし、たとえ事件にはならなくても警察が動くことで、被害をストップすることはできる。困った人が頼ってきた時、それに応えてあげる刑事や警察官であってほしいというのがワシの心からの願いや。

　もちろん、全国の警察官は市民が安心して暮らせるよう、様々なことを思案して、懸命な努力を重ねている。ワシが現役時代のエピソードを恥ずかしながら披露したのも、そうした警察官や刑事の日々の活動の一端を多くの人に知ってもらいたかったからや。

　振り返れば、小学生の頃から憧れていた刑事になるために山籠もりをして、柔道や空手の特訓に励み、警察官になった。刑事になってからも悪いやつから弱い人たちを守るためにガムシャラに突っ走ってきた。何度も死にそうになり、ハチャメチャな失敗をして、ヤクザや犯人に間違えられることもしばしばだった。人生をかけて小池を追い、花の警視庁捜査第一課に出向し、多くの警察仲間と切磋琢磨《せっさたくま》した。あっという間の42年間だった。

　警察官人生に悔いはない。生まれ変わったらまたリーゼント刑事になろう。

　21年3月31日。徳島県警を退職する日、そう心に誓ってワシは警察手帳を返納した。

刑事課長としては、部下に「刑事魂」を注入する役回りに

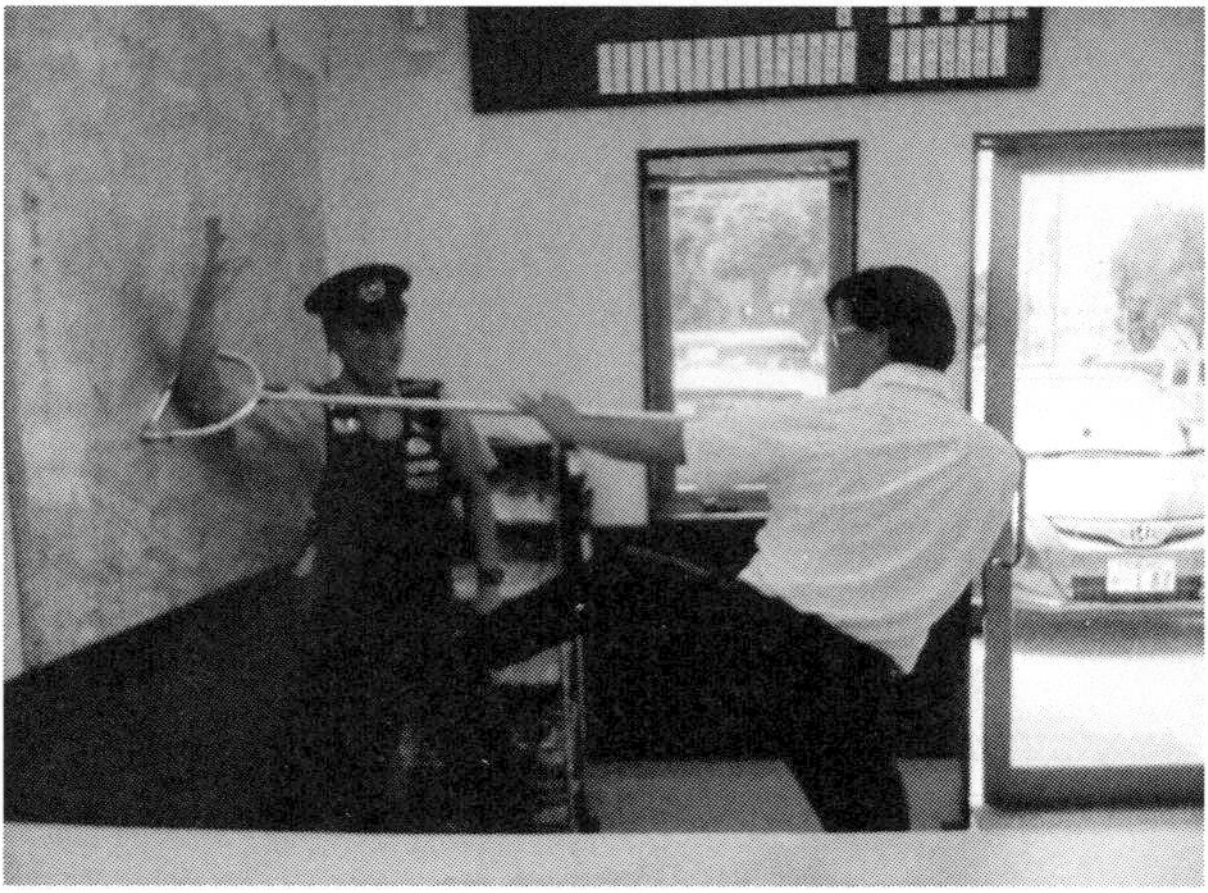
徳島県警察本部地域課次長としては、県内
各地の交番で逮捕術の指導にあたった

秋山博康［あきやま・ひろやす］

1960年7月、徳島県生まれ。79年、徳島県警察採用。交番勤務、機動隊を経て刑事畑を歩む。県警本部長賞、警視総監賞ほか受賞多数。徳島県で発生した殺人事件の指名手配犯捜査のため「おい、小池！」のポスター制作に携わったことで知られ、情報提供を募るためのテレビ出演により〝リーゼント刑事〟の呼び名が定着する。2002年、09年には徳島県警が凶悪犯検挙率で日本一となる。21年3月の退職後は、犯罪コメンテーターとして活動。YouTube「リーゼント刑事・秋山博康チャンネル」が話題。『週刊ポスト』の連載「刑事バカ一代」に大幅加筆し、再構成した本書が初の著書となる。

構成：池田道大
編集：野村康之
　　　濱田顕司

リーゼント刑事《デカ》
42年間の警察人生全記録

二〇二二年　四月五日　初版第一刷発行

著者　秋山博康
発行人　鈴木崇司
発行所　株式会社小学館
〒一〇一－八〇〇一　東京都千代田区一ツ橋二ノ三ノ一
電話　編集：〇三－三二三〇－五九六一
　　　販売：〇三－五二八一－三五五五

印刷・製本　中央精版印刷株式会社

Printed in Japan ISBN978-4-09-825421-7